別冊 noboro
山歩きガイド

JN119744

九州No.1の人気山系を完全網羅!

西日本新聞社
監修：くじゅうネイチャーガイドクラブ

本書の使い方と地図凡例

4
王道ルートその2
長者原（九重）登山口〜法華院
山頂に立ったときの達成感こそが登山の醍醐味であり、目的のはず。でも、くじゅうには山頂を目指さない例外ルートがある。しかも、その例外が「王道」でもあるのだから面白い。王道その2として紹介するのは、長者原（九重）登山口発着で法華院温泉山荘を目指すルート。おすすめしてくれるのは、法華院代表の弘藏岳久さんだ。「ピークハントが目的ではない登山の先駆けじゃないですか？」と弘藏さん。山頂いや、山荘では温泉も待っている。
目的地は山頂でなく山荘
長者原（九重）登山口をスタートし、まずは林道（硫黄山道路）を行く。指山自然観察路分岐を過ぎ、さらに進んだところにスガモリ越へのショートカット道があるので、左に折れて上ろう。この道を30分ほど行くと再び林道と合流する。
硫黄山の噴煙とにおいを目と鼻で感じながら歩いていく。硫黄山道路の行き止まりまで進んで、左折してからは、火山礫のゴロゴロ石が堆積した「ゴーロ帯」となる。滑りやすいところや、グラついている岩もあるので慎重に進もう。上り切ったところがスガモリ越だ。
法華院は、1324年に天台宗の霊場として十二所大明神を祭ったのが始まりとされる。1470年には修験道場となり、法華院白水寺と呼ばれるように。以後、幾つかの寺が建ち、近くの湿原に宿坊ができた。一帯には「坊がつる」（つるは湿原の意）との名がついた。
1882年には、火災で寺が焼失し、弘藏さんの祖父が山小屋を始めたのが山荘のスタート。弘藏さんは3代目の山荘主人に当たる。
ここの良さはさりげない「もてなし」だと思う。談話室や屋外テーブルは自由に使える。持参した弁当を広げるのもいいし、カレーや牛丼などは売店で注文して食べるのもいい。
帰りは坊がつる方面へ。ラムサール条約登録の湿地は、湿原、高原性の花が数多く見られ、四季で表情が変わる。
九州自然歩道と重なる復路も自然豊かだ。坊がつるの先の分岐を雨ケ池方面へ行くと樹林帯に入る。ここは弘藏さんおすすめの箇所。「我々が草刈りをしてますから」。弘藏さんはボランティアの協力を得ながら登山道整備を行う。くじゅうでの楽しみはこのような活動に支えられている。雨ケ池では、春はクサボケ、イワカガミ、夏はママコナなどが咲く。最後はタデ原湿原に寄り道しよう。
「大地の鼓動を感じられるし、森の木々も楽しめる。この多様性が魅力です」と弘藏さん。スガモリ越が「岩」なら、雨ケ池越は「森」だ。火山の力強さとともに、花木の柔らかさを堪能できる。そして何より、山荘では、人の温かさに触れられる。法華院を訪れた人は必ずこう思うだろう。
「次は宿泊しよう」
1・硫黄山道路からスガモリ越に向かう。ここから先は、大小の岩がゴロゴロしている「ゴーロ帯」となる／2・スガモリ越から下ったら北千里ケ浜に到着／3・雨が続けば池ができる「雨ケ池」には木道が設置されている。慎重に渡ろう／4・雨ケ池越への道中は樹林帯が続く
38

本書の案内人

なっちゃん

登山を始めたばかりの1年生。何事にも興味津々で、いつもガイドを質問ぜめ。

山寺さん

体力に自信あり。沢登り、岩登りとなんでもこなす。温泉と日本酒が大好き。

きょうぞうさん

登山歴40年の大ベテラン。野花を愛でながらゆっくり登るのが信条。

Route 4
START GOAL
・1031
長者原ビジターセンター
長者原
・1039
九州自然歩道
35
長者原（九重）登山口
寒ノ地獄
硫黄山道路
△1108.6
星生
・1449
林道分岐
85

■山行タイム
一般的な歩行時間（分）。
休憩時間は含んでいない

■登山口の情報
最寄りの高速道路IC
などからのアクセス

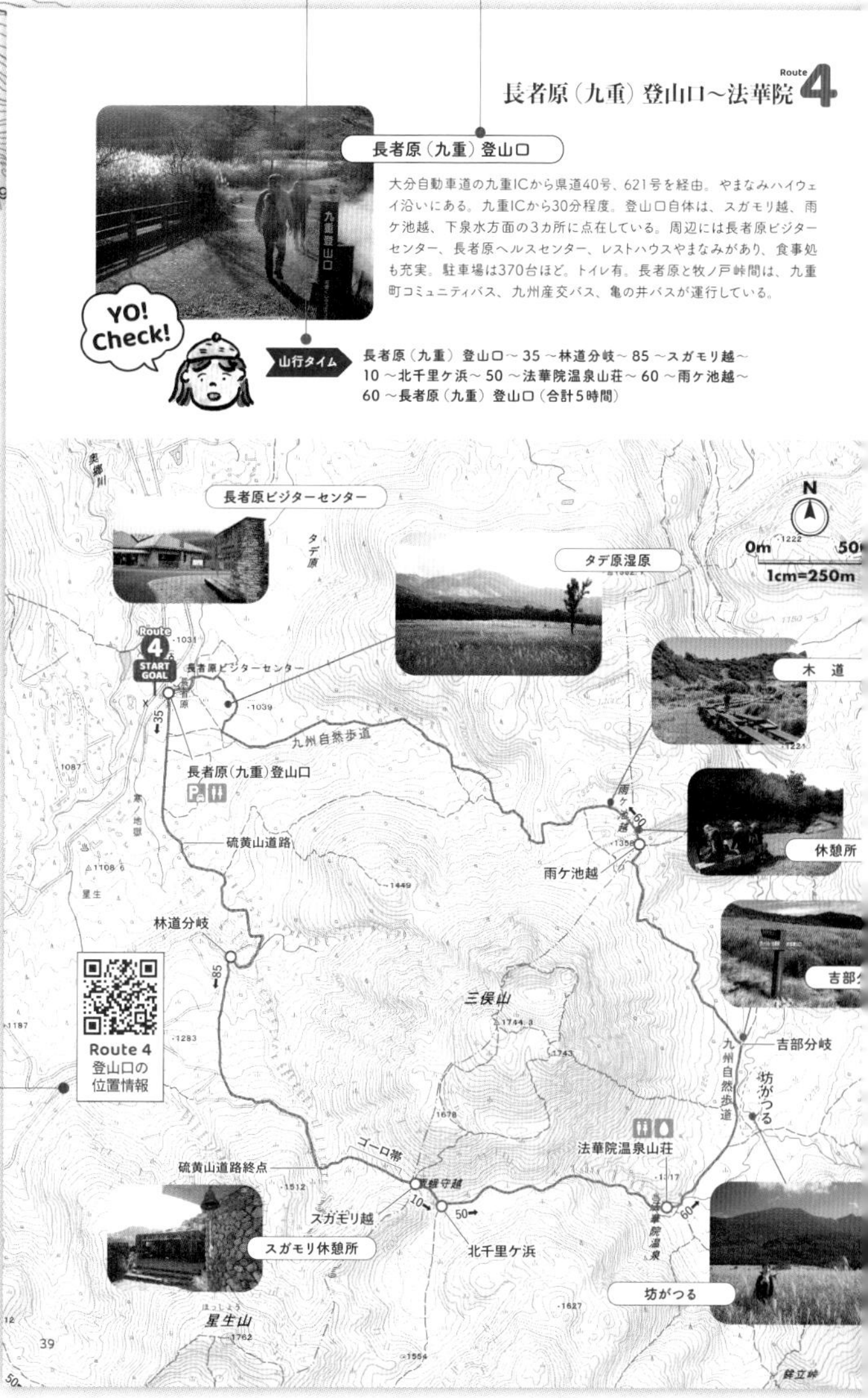
長者原（九重）登山口～法華院 Route 4
長者原（九重）登山口
大分自動車道の九重ICから県道40号、621号を経由。やまなみハイウェイ沿いにある。九重ICから30分程度。登山口自体は、スガモリ越、雨ケ池越、下泉水方面の3カ所に点在している。周辺には長者原ビジターセンター、長者原ヘルスセンター、レストハウスやまなみがあり、食事処も充実。駐車場は370台ほど。トイレ有。長者原と牧ノ戸峠間は、九重町コミュニティバス、九州産交バス、亀の井バスが運行している。
YO! Check!
山行タイム
長者原（九重）登山口～35～林道分岐～85～スガモリ越～10～北千里ケ浜～50～法華院温泉山荘～60～雨ケ池越～60～長者原（九重）登山口（合計5時間）
長者原ビジターセンター
タデ原湿原
木道
休憩所
吉部分岐
雨ケ池越
三俣山
硫黄山道路
林道分岐
Route 4 登山口の位置情報
硫黄山道路終点
スガモリ越
スガモリ休憩所
北千里ケ浜
法華院温泉山荘
坊がつる
星生山
1cm=250m

■地図内表記

- P 駐車場
- トイレ
- 水場
- Route 4 START GOAL　スタート・ゴール地点
- メインルート
- サブルート
- ←35　進行方向と区間の歩行時間の目安

■QRコード
登山口の位置情報

別冊 noboro 山歩きガイド
くじゅう連山
四季の絶景登山ルート
九州No.1の人気山系を完全網羅！
西日本新聞社

別冊 noboro 山歩きガイド
くじゅう連山
四季の絶景登山ルート
九州No.1の人気山系を完全網羅！

カバーの裏側はくじゅうの広域地図。外して楽しむのもよし、裏返してカバーを変えるのもよし

目次

東側エリア 67

西側エリア＋チャレンジもの 83

山名や地名は、国土地理院発行の地形図の表記に、標高は、国土地理院の「電子ポータルサイト」の地形図に、原則として従っています。
●本誌掲載の地図は主に国土地理院発行の電子地形図25000分の1を引用したものです。

※掲載した情報は、2023年9月末現在のものです。

春は黒
夏は青
秋は赤
冬は白

法華院白水寺に伝わる書「九重山記」（1770年）にそう記述されるように、くじゅうの四季は色彩豊かに移ろう。

春の黒は野焼きといわれるが、黒土の山を形容したとも。季節の終わりにはミヤマキリシマも咲き誇る。夏の深い緑が山全体を覆い、秋は一変して木々が紅《あか》く色づく。そして冬は、雪と氷の世界に変わる。

四季を通じて登山客を飽きさせない山がそこにある。

夕暮れ時、ミヤマキリシマが咲く平治岳から三俣山を望む

春は黒

春 spring

平治岳で「はいポーズ」

沓掛山からの眺望。三俣山、星生山が見える

夏 *summer*

夏は青

夏の写真はすべて天狗ケ城から。右頁上は、星生山。同頁下はモルゲンロートの中岳。そしてこの頁の1枚は、山頂の手前から、緑に囲まれた御池を見下ろした

赤く色づく朝焼けのくじゅう。大船山から北大船山、平治岳を望む

紅葉の名所、大船山山頂直下の御池

紅葉の三俣山。本峰から北峰を撮る

大船山から望む三俣山はうっすらと雪化粧

早朝、雲の上にひょっこり姿を現した大船山。
天狗ケ城からパシャリ

冬は白

冬 *winter*

私が撮りました!

大久保紫織
1994年生まれ。インスタグラム（@yama_shiori_）で日々の山での活動を紹介。特にモルゲンロートに魅せられ、朝駆け登山を続ける

白銀の久住山につい見とれてしまう

くじゅうの主な山と登山口

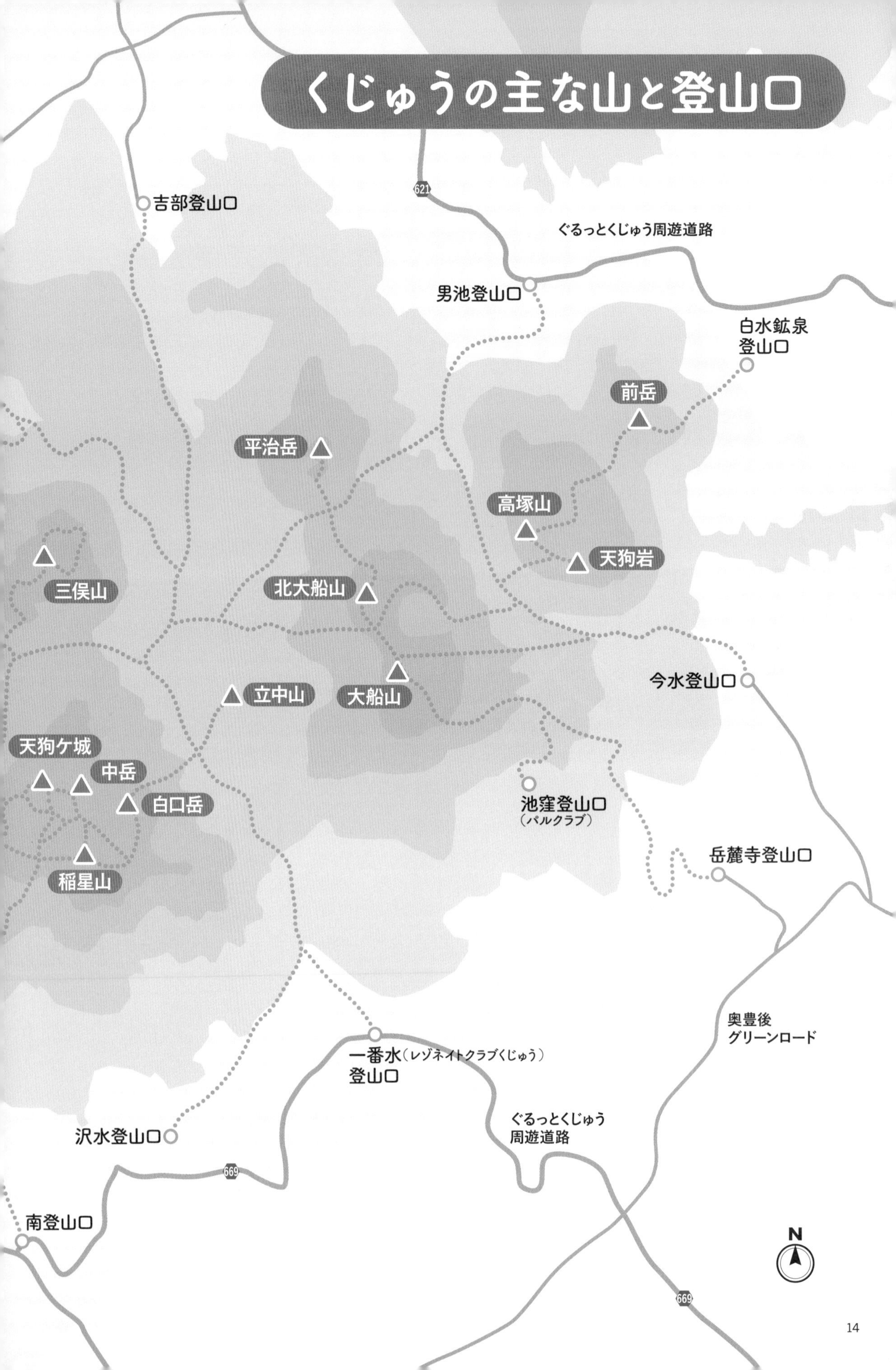

吉部登山口
621
ぐるっとくじゅう周遊道路
男池登山口
白水鉱泉
登山口
前岳
平治岳
高塚山
天狗岩
三俣山
北大船山
今水登山口
立中山
大船山
天狗ケ城
中岳
白口岳
池窪登山口
（パルクラブ）
岳麓寺登山口
稲星山
奥豊後
グリーンロード
一番水（レゾネイトクラブくじゅう）
登山口
ぐるっとくじゅう
周遊道路
沢水登山口
669
南登山口
N
669

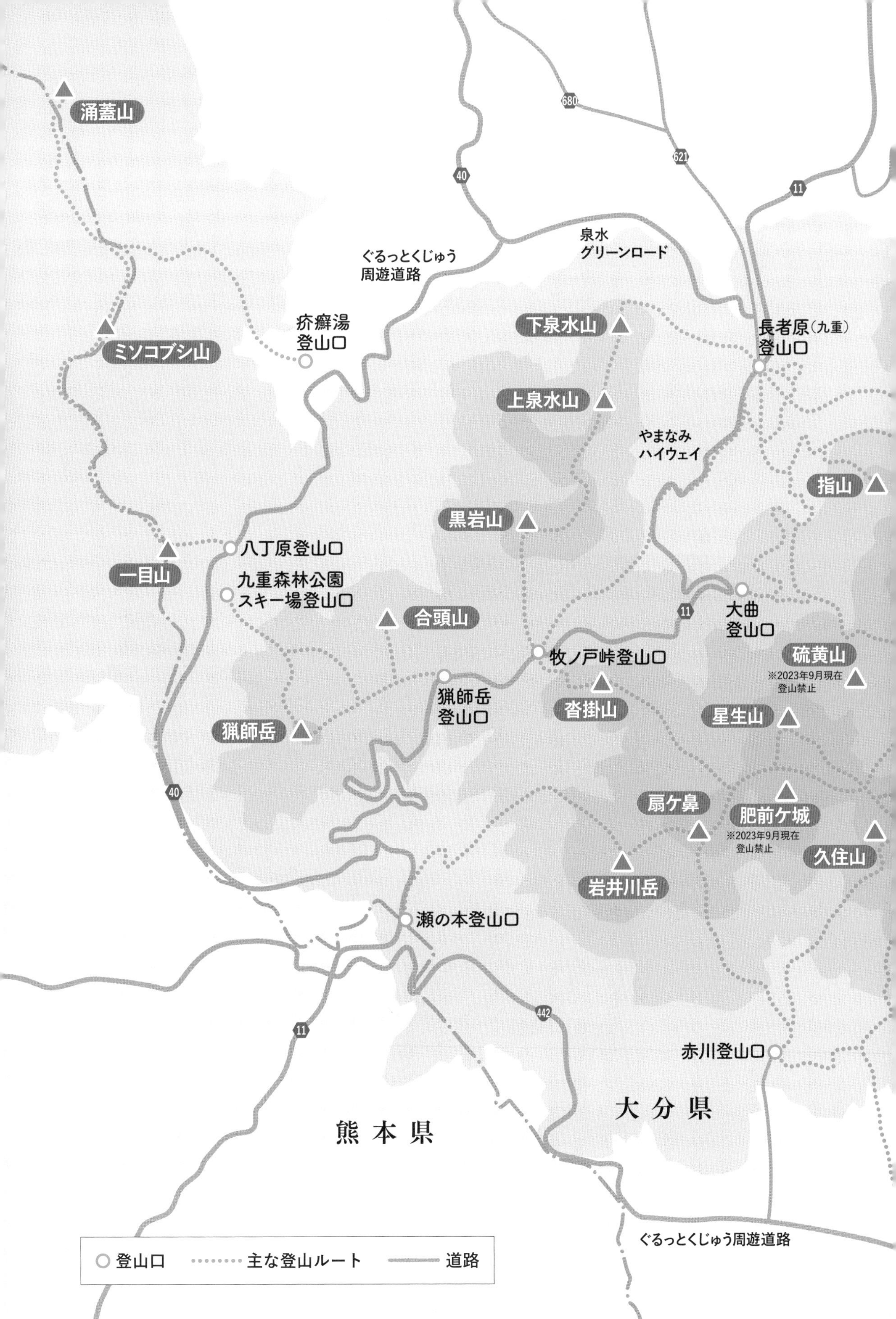
涌蓋山
ミソコブシ山
一目山
疥癬湯
登山口
ぐるっとくじゅう
周遊道路
泉水
グリーンロード
下泉水山
上泉水山
長者原（九重）
登山口
やまなみ
ハイウェイ
指山
黒岩山
八丁原登山口
九重森林公園
スキー場登山口
合頭山
大曲
登山口
牧ノ戸峠登山口
硫黄山
※2023年9月現在
登山禁止
猟師岳
登山口
沓掛山
星生山
猟師岳
扇ケ鼻
肥前ケ城
※2023年9月現在
登山禁止
久住山
岩井川岳
瀬の本登山口
赤川登山口
大分県
熊本県
ぐるっとくじゅう周遊道路
680
621
40
11
442
登山口
主な登山ルート
道路

長者原ビジターセンター

阿蘇くじゅう国立公園のくじゅう地域を紹介する博物展示施設。
山や登山に関する情報はこちらで得よう。センターのホームページ
では最新の登山道情報もチェックできる

達人に聞く

くじゅうのベストシーズンっていつだろう。
燃えるような紅葉の秋？　ミヤマキリシマの春？
定番コースってあるのかな。
登山口は牧ノ戸峠？　長者原？
くじゅうの広大さは、初心者にとっては「？」の広がりでもある。
そんなときに頼りになるのがくじゅうを知り尽くした達人たち。
4人がガイド役を買って出た。

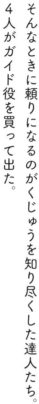

Route 1

大船山と三保山が双壁

くじゅうの紅葉はすごい！

秋、くじゅうの斜面はあちこちが、燃えるように染まる。10月初旬からひと月ほどの間に、低木のドウダンツツジの赤やオレンジ色を主体にした紅葉が、場所を移しながら繰り広げられる。「これを見ずしてくじゅうの魅力は語れない」と語るのは、秋のくじゅうを100回と言わず登ってきた登山ガイドの浦一美さん。落葉広葉樹の赤、黄、橙、緑のグラデーションを所望なら、黒岳の原生林に分け入ろう。自然が生み出すカラフルな空間に身を委ねると、得も言われぬ幸福感に満たされるのはなぜだろう？　いや理屈抜きに体感してほしい。

浦　一美
1947年生まれ。国内外の山に登り続け、76年、福岡市にスキー・登山用品店「ラリーグラス」を開業。福岡市山岳協会会長。

大船山《たいせんざん》

Map
P.77
P.82

浦さんの元に話を聞きに行くと、開口一番「くじゅうで紅葉が一番すごいのは大船山山頂でしょう」と言い切った。

山頂の東に浮かぶ火口湖「御《お》池《いけ》」を取り囲むのは、ドウダンツツジやコミネカエデなど。豪華絢爛《けんらん》な色彩の斜面を見つめていると、目がくらみそうになる。

山頂からは、北大船山に続く尾根とその斜面や米窪周りの色づき、さらに立中山《たっちゅうさん》と大船山に挟まれた窪地に向かう西斜面も、赤い広がりが見事だ。

大船山は長者原、吉部、岳麓寺をはじめ、どの登山口からも結構な距離がある。しかも10月半ばの日暮れは早い。浦さんは「早い出発や法華院宿泊などで、時間に余裕を持って見に行ってほしい」と話す。

大船山の御池の周りを取り囲むように
彩られた絶景紅葉

三俣山・北峰からの紅葉は圧巻だ。
大鍋の底に下りている人もいる

三《み》俣《また》山《やま》

Map P.52

この山の火口跡である「大鍋・小鍋」の紅葉は、くじゅうが誇る絶景の一つで間違いない。本峰から北東へ少し歩いた火口壁の縁から〝天空の紅葉〟を眺めることができる。

大鍋・小鍋を変わった形の器と見立ててみる。ドウダンツツジの赤や他の紅葉色が、器の面をモザイク状に覆い尽くすことで、巨大な芸術作品のように立ち現れてくる。

大鍋・小鍋を1時間ほどかけて周る「お鉢巡り」をすると、見る角度や目線の高さ、背景（三俣山北峰からは背後に大船山が入る）が変わり、絶景に酔いしれる。ただし、お鉢巡りには急斜面の厳しい下り、北峰〜小鍋間の崩落迂回箇所（ロープあり）、高度感のあるやせ尾根など気の抜けない場所が多々あり、「健脚者でないと厳しい」（浦さん）。

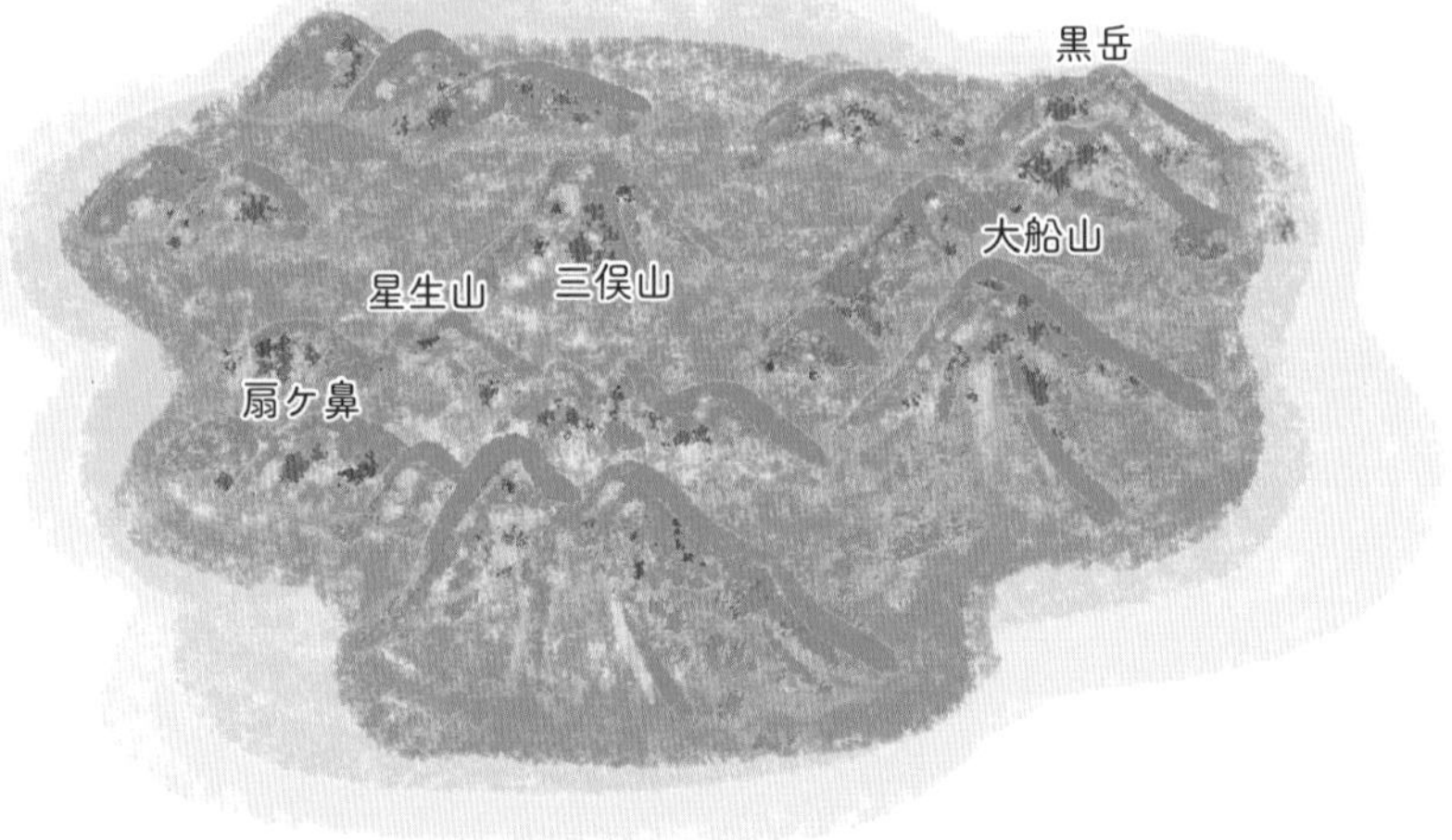

Route 1

くじゅうの紅葉はすごい！

星生山《ほっしょうざん》

Map P.35

牧ノ戸峠登山口からくじゅうの中核部方面へ歩き始めて1時間ちょっと。足を止めて見入るほど真っ赤に突き出す尾根の塊が出てきたら、それは星生山だ。

下から見上げながら西千里ケ浜を通過してもいいし、寄り道し尾根を登り上がってもいい。西の斜面に広がる紅葉の鮮やかさは、午後の西日を受けた方が一層増す。

（上）星生山の紅葉は、南西に突き出した尾根の赤さが際立つ
（下）扇ケ鼻の南斜面の紅葉。ドウダンツツジが密生している

扇ケ鼻《おうぎがはな》

Map P.65

ミヤマキリシマが山頂北面に咲き、「花の山」として人気上昇中の扇ケ鼻だが、西斜面と南斜面はドウダンツツジが密生し、10月中・下旬は文字通り真っ赤な山に変身する。

牧ノ戸峠から2時間かからず山頂に着ける手頃感がいい。瀬の本登山口から岩井川《いわいご》岳分岐を経てのアプローチだと、途中から〝真っ赤なトンネル〟を歩く楽しみが待っている。

山に登らず気軽に紅葉を楽しみたいんだけど
吉部駐車場から大船林道を歩くのがおすすめだよ

黒岳《くろだけ》

Map P.76

派手なドウダンツツジでなく、カエデ類を含む落ち着いた紅葉をくじゅうで味わいたい人もいるだろう。浦さんのおすすめは「原生林の深い樹林帯が広がる黒岳（高塚山、天狗岩など5ピークの総称）周辺」だ。

起点は、男池《おいけ》湧水群で有名な男池登山口。「ソババッケ」と呼ばれる窪地までなら、紅葉ウオッチングも含めて往復3時間ほどで堪能できる。コナラ、ミズナラ、クロモジ、ケヤキ、ブナなど多彩な樹種の葉が織り成す黄、オレンジ、緑の色世界を静かに歩こう。

さらに、そこから黒岳と大船山に挟まれたセリグチ谷をじわりと上り、「風穴」まで歩くのも一興だ。また、山に入らなくても、男池周辺の遊歩道散策で秋を十分楽しめる。

ソババッケと風穴の中間付近にある奥ぜりの紅葉

なぜ、葉っぱは色づくの？

そもそも、紅葉はどんな仕組みで起きるのだろう。基本を押さえておこう。

紅葉には、イチョウやチドリノキなど葉が黄色くなる「黄葉」と、赤く色づくカエデ類に代表される「紅葉」の2タイプがある。

葉が緑色に見えるのは、葉に最も多く含まれるクロロフィル（葉緑素）という色素のせいだ。クロロフィルは、光の三原色（赤、青、緑）のうち赤と青の光を吸収し緑の光を反射するから、私たちは「緑の葉」と認識する。

秋になると樹木は、省エネモードと言える冬支度に入る。光を捉える働きをするクロロフィルを自ら分解。クロロフィルが減ることで、元々葉にあったカロテノイドという色素が目立つように。この色素は赤と緑の光を反射するため、2色が重なり黄色く見え「黄葉」する。

一方、カエデなどはクロロフィルの分解前に、アントシアニンという色素を葉に作る。これは紫外線を吸収し、光合成の働きが弱まる冬場に備えて太陽光の影響を抑える働きがあるとされる。アントシアニンは赤い光を反射する。クロロフィルの分解が進むに従い、葉は緑色から黒ずんだ赤紫色を経て鮮やかな「紅葉」となる。

きれいな紅葉になる気象条件は、秋口の①晴天②適度な湿度③昼夜の寒暖差―とされる。

くじゅうを彩る紅葉たち！

ドウダンツツジ

ツツジ科の落葉低木。紅葉すると鮮やかな赤が目を引く。日当たり良好だと濁りのない赤、そうでないと橙や黄色に

ミズナラ

ブナ科の落葉高木。幹は高さ30メートル、直径1.5メートルに達するものも。紅葉は黄から橙、褐色へと変化する

ブナ

ブナ科の落葉高木。紅葉は初め黄色で橙、赤茶色へと進む。葉が褐色になるのが早く、鮮やかな色の時期は短い

ケヤキ

ニレ科の落葉高木。葉の縁がのこぎりのようにギザギザなのが特徴。木ごとに色づくカラーが赤、橙、黄と違う。褐色になるのが早い

コハウチワカエデ

ムクロジ科（旧カエデ科）の落葉高木。うちわ形のかわいい葉が特徴。紅葉は赤や橙色が中心で、グラデーションになることも

ウリハダカエデ

ムクロジ科の落葉小高木。三つに裂ける葉はボリューム感がある。橙や赤に染まるが、日当たりが悪いと黄色になる

ヤマウルシ

ウルシ科の落葉低木。他の木に比べ早く色づく。色鮮やか。樹液が肌に付くとかぶれることも

紅葉のイラスト
三反栄治 Eiji Santan
画家・イラストレーター、九州産業大造形短期大学部客員教授。ボタニカルアートを究め、広告、雑誌、書籍装画などで活躍。日本植物画倶楽部会員。

Route 2

春のくじゅうの代名詞

ミヤマキリシマに導かれ

ミヤマキリシマは標高の低いところから高いところへと移りながら咲く。
くじゅうでは1カ月も見頃が続く

春のくじゅうの代名詞といえば、やはりミヤマキリシマだろう。「日本の植物学の父」と呼ばれる牧野富太郎（1862〜1957）が「深い山に咲くツツジ」という意味を込めて名付けたとされる九州の自生種だ。くじゅうでは5月中旬、標高の低い山から色づき始め、約1カ月かけて1700メートル級の山肌へとピンクの帯が移動していく。

一帯を庭のように歩き回ってきたくじゅうネイチャーガイドクラブの藏田佳代さんに、ミヤマキリシマを120パーセント楽しむための見頃や見どころを徹底解説してもらった。ページをめくってうずうずしてきたら、華やぐくじゅうへ出かけよう！

藏田　佳代
大分県玖珠町出身で、子どもの頃からくじゅうに親しんできた。日本山岳ガイド協会認定登山ガイド。山野草の撮影が大好き。

大《たい》船《せん》山《ざん》

中央に火口跡の米窪、その奥にピンクに染まる平治岳が頭をのぞかせる。大船山からまるでミヤマキリシマのピンクの道が延びているようだ。この構図の一枚を撮るために国内外から登山者が集まってくる

Map P.77 P.82

ここのミヤマキリシマは国の天然記念物に指定され、くじゅう連山を代表する人気スポットだ。

標高1786・3メートルと高いため、見頃はくじゅうの中では遅い6月上旬以降になる。満開の時季は登山道が渋滞することもあるほどの人気ぶり。長者原方面からは遠いので、法華院温泉山荘を中継点にして、時間と気持ちに余裕を持ってじっくり観賞するのもおすすめだ。

坊がつるを通って山頂を目指すと見事な群生が出迎えてくれる。「山頂からは段原、北大船山、米窪の縁、その向こうの平治岳のピンク色も重なって見事です」と藏田さん。見頃が梅雨入りと重なってしまうが「雨の後は段原に幻の池が現れるかも。出合えたら得した気分になれますよ」。

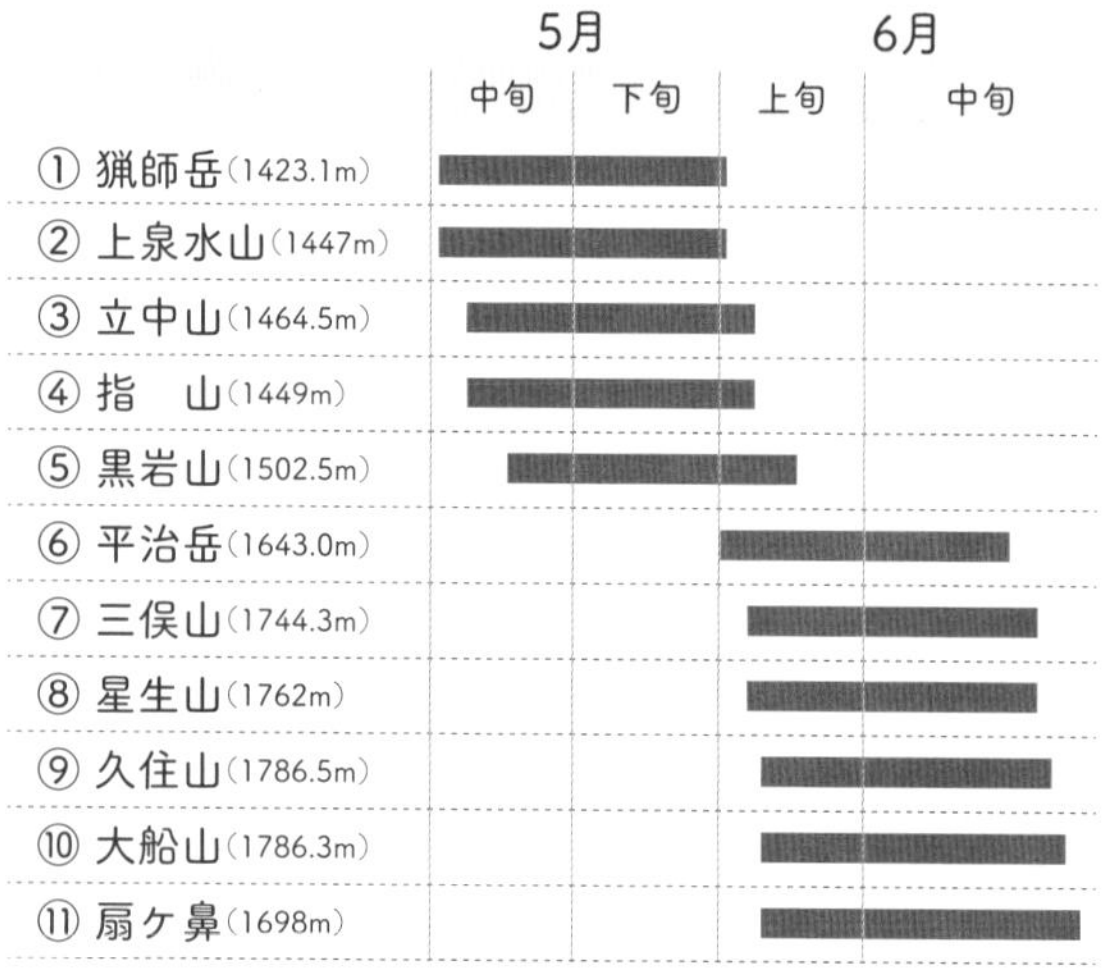
5月
6月
中旬
下旬
上旬
中旬
① 猟師岳(1423.1m)
② 上泉水山(1447m)
③ 立中山(1464.5m)
④ 指　山(1449m)
⑤ 黒岩山(1502.5m)
⑥ 平治岳(1643.0m)
⑦ 三俣山(1744.3m)
⑧ 星生山(1762m)
⑨ 久住山(1786.5m)
⑩ 大船山(1786.3m)
⑪ 扇ケ鼻(1698m)

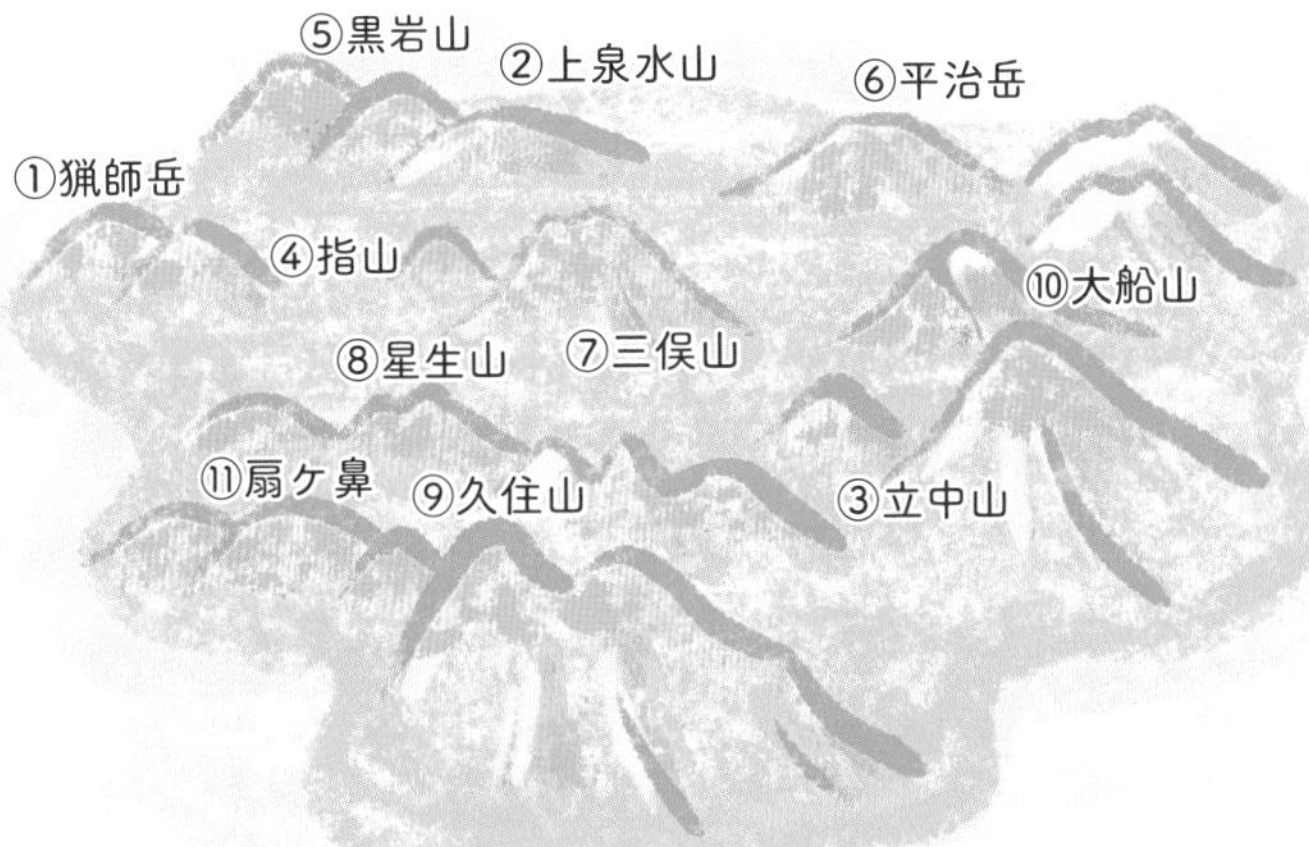
⑤黒岩山
②上泉水山
⑥平治岳
①猟師岳
④指山
⑩大船山
⑧星生山
⑦三俣山
⑪扇ケ鼻
⑨久住山
③立中山

大船山と肩を並べるミヤマキリシマの山の代表格。麓の大《う》戸越《とんごし》から見上げるピンクの斜面は息をのむ美しさだ。その斜面を上っていく。ここは一方通行の登山道なので列になって山頂へ。高度を上げるたびに美しさが増しているような感覚になる。藏田さんは「山頂付近の稜線にはドウダンツツジもたくさんあるのでぜひ見てほしい」と話す。

頂からは同じくピンクに染まった三俣山が目の前に見える。岩に腰かけてゆっくりと眺めたい。下山コースには1株だけ白い花もあるそうなので見逃さないように！

大船山と平治岳は
ミヤマキリシマの
両雄だ

Map P.76

平治岳《ひいじだけ》

立《たっ》中《ちゅう》山《さん》

Map P.77

大船山や平治岳といったミヤマキリシマの大御所の陰に隠れ、やや地味な存在と思われがちだが、立中山も実は花見スポットだ。しんつくし山岳会が発行した「九重山」には「大船山の段原と共にツツジでは九重の両横綱と云ってよい」とある。この時季、混雑する山を避け、のんびり観賞したい人にはおすすめしたい。

麓の鉾立峠からは新たに整備された登山道を進み、20分で山頂へ。ここは2020年4月に山火事があり、山頂付近に群生するミヤマキリシマ推計約1600本が焼けてしまった。再生には10年以上かかるとも言われるが、藏田さんによると、根元から新しい芽が出て、花が咲く株が増えてきたという。完全復活が待ち遠しい。

黒《くろ》岩《いわ》山《さん》〜上《かみ》泉《せん》水《すい》山《ざん》

Map P.53

標高1500メートルほどの黒岩、上泉水の両山はくじゅうでは低い方で、ミヤマキリシマは比較的早い5月中旬から見頃を迎える。最寄りの牧ノ戸峠登山口からは距離も短く、手軽にお花見登山を楽しみたいという初心者や子ども連れのハイカーにはぴったりだ。

登山口から黒岩山まではわずか30分。藏田さんによると、阿蘇山や空気が澄んでいれば雲仙・普賢岳も見えるという。山頂付近に株が点在し、ランチを楽しみながら観賞するのも楽しそう。

近くの上泉水山までの登山道は鮮やかなミヤマキリシマが彩る。ぜひ足を延ばしてほしいルートだ。「くじゅうの山々、麓の街並み、タデ原湿原などを望むとても良い稜線」と藏田さん。道すがら花と景色の競演を堪能できる。

猟師《りょうし》岳《だけ》

Map P.89

オオヤマレンゲの見どころとして知られる猟師岳だが、ミヤマキリシマも見られる。群生こそ少ないものの、大きな株が点在している。規模が小さく点在している分、虫害の影響が広がるリスクも他の山に比べると抑えられる。

5月中旬から見頃を迎えるため、大船山など人気の山がピンクに染まるのを待ちきれないという登山者はぜひこちらへ。九重森林公園スキー場から初夏のゲレンデ沿いを歩く。藏田さんのお気に入りポイントは、ゲレンデや草原っぽい稜線にぽつぽつと咲くミヤマキリシマ。1時間程度で山頂まで行けるので体力に自信がない人にもおすすめしたい穴場だ。

扇《おうぎ》ケ《が》鼻《はな》

Map P.65

ミヤマキリシマの時季を逃してしまった！　そんな声が聞こえてきそうな6月中旬、くじゅうで最も遅く見頃を迎え、登山者の嘆きを鎮めてくれるのがこの扇ケ鼻だ。

瀬の本登山口から岩井川《いわいご》岳経由で登ってもよし、牧ノ戸峠登山口から直接目指してもよし。いずれも登山道をドウダンツツジが彩り、山頂が近づくにつれミヤマキリシマが目を楽しませてくれる。山頂から麓へピンクの帯が延びる光景は、くじゅうの名だたる山々に引けを取らない。

一帯は背の低いミヤマキリシマが多いのが特徴で、藏田さんは「登山道のどこからでもミヤマキリシマの群生を眺められます」と太鼓判を押す。

Route 3

王道ルートその1

牧ノ戸峠登山口~久住山~中岳

西千里ケ浜を過ぎた辺りからの
久住山の威風堂々たる姿

幼稚園児や小学生の遠足コースにも

「牧ノ戸峠登山口に人が集まるようになって、まだ60年ほど」といきなり意外な事実を教えてくれた増田さん。くじゅうと阿蘇を結ぶやまなみハイウェイが１９６４年に開通したことが、牧ノ戸峠や長者原登山口へのアクセスを良くし、くじゅう人気に拍車をかけた。

大分自動車道の九重ＩＣからやまなみハイウェイなどを経由して約23キロで牧ノ戸峠駐車場へ。約２００台駐車できるが、増田さんは「紅葉シーズンは朝の5時台に満車になることも少なくない」とアドバイス。ＪＲ久大本線の豊後中村駅や日豊本線の別府駅からは路線バスでも登山口へ行くことができ、免許返納者や下山後の乾杯を楽しみにしている「左党」登山家も登りやすい。

牧ノ戸峠は標高１３３０メートルで久住山（１７８６・５メー

「登山を始めたい」「くじゅうに登ってみたい」という初心者におすすめなのが、牧ノ戸峠登山口から久住山や中岳を目指す王道ルートだ。のぼろの読者アンケートでも、14の登山口中、牧ノ戸峠登山口の人気はダントツ1位。春のミヤマキリシマ最盛期、秋の紅葉シーズンには、早朝から駐車場が満車になるほどだ。人気の秘密や、王道だからこその楽しみ方について、くじゅうネイチャーガイドクラブ代表の増田啓次さんに話を聞いた。

増田　啓次
1959年、福島県会津高田町生まれ。98年大分県九重町へ家族と移住。くじゅうの自然を守る活動なども。

久住山の山頂付近は岩場が続いている

トル）までは標高差約450メートルと、わずか約2時間30分で頂上に立つことができる。「昔から、地元の幼稚園や小学生の遠足が行われている」（増田さん）ほど登りやすいが、油断は禁物だ。最初のピークである沓掛山（1503メートル）まではほとんどが舗装された遊歩道だが、その先は、はしごや鎖場もあるので初心者は気を抜かず進もう。

　しんどいのは沓掛山までの30分ほどだ。そこからは平たんな道が多くゆっくり高度を上げていくイメージ。沓掛山から扇ケ鼻分岐までは足元が緩くなるので、雨が降った後などは特に滑りやすく気を付けたい。一方ここでは夏から秋にはサイヨウシャジン、秋にはリンドウといった花々が登山ムードを高めてくれる。

　牧ノ戸峠登山口から久住山までのほぼ中間点となる扇ケ鼻分岐で休憩した後は、しばらく砂利の道が続き、開けた道となる西千里ケ浜を進む。足を進める

につれて久住山の迫力が目の前に迫ってくる。避難小屋とトイレがある広場を通過すると久住分かれ。右に大きく回りなだらかな坂を上っていくと、久住山の山頂に到着。山頂標識との記念撮影や水分補給を済ませたら、中岳方面への分岐まで下り、正面の中岳山頂へ急ごう。道なりに進み斜面を上っていくと空池そして御池《みいけ》が見えてくる。御池には中岳の山容が映り、2倍楽しめる。御池の南岸を進むと約30分で中岳山頂（1791メートル）に到着。360度どの方向を見てもくじゅうの山々を捉えられ、連山であることをあらためて認識させられる。「九州本土最高峰だが、久住山より人は少ない」(増田さん)ようで、狭いが昼食エリアとしてもおすすめだ。さらに足を延ばし、中岳からは久住分かれへ戻るように左に御池を見ながら進んでいくと天狗ケ城（1780メートル）へは15分程度で到着。くじゅう連山の1700メートル以上の山を指す「くじゅう17サミッツ」9座のうち3座を1日で制覇でき、初心者でも達成感を味わえる。

〝くじゅう通〟への第一歩

「初心者を卒業したい」「そろそろ次のステップに進みたい」という人は久住山と中岳の間に、稲星山（1774メートル）と白口岳（1720メートル）を挟み、17サミッツ5座を制覇するコースもある。ここまで来るとちょっとした〝くじゅう通〟を名乗っても、決して名前負けしない。

1・牧ノ戸峠登山口からすぐに急なコンクリート坂が続く。上り切ったところに展望台がある／2・沓掛山を過ぎたところで振り返ると、登山者たちが続いてくるのが見えた／3・久住山を目指すには、久住分かれを右に折れていく／4・中岳から見下ろした御池。季節によってさまざまな表情を見せてくれる

久住山 1786.5m

「最初にどこに登ろう」と考えた時に出てくる､くじゅうのリーダー的存在。西側から見える空と緑のコントラストは、国内だけでなく海外の登山客からも人気。かつて「くじゅう連山」は信仰の山の総称として、岡領や玖珠郡側の天領では「九重山」、肥後領では「久住山」と呼ばれていた。さまざまな論争を経て、現在は三角点のあるこの一峰を久住山と呼んでいる。

中岳 1791m

くじゅう連山の中ではもちろん、九州本土でも最高峰。池ノ小屋へ下ると、御池の形が逆ハート形に見えるパワースポットもちょっとした話題に。御池にはかつて猪鹿狼寺《いからじ》と法華院白水寺の上宮が設けられており、信仰の場所だった。写真は久住山から見た中岳。くぼんでいて見えないが、手前には御池、さらに手前には空池がある。

天狗ケ城 1780m

中岳とともに御池を囲むようにそびえている。登山客に人気なのは冬。頂上からは久住山や平治岳の雪景色が広がり、全面凍結した御池には年輪を刻んだような線が同心円状に幾筋も重なる。写真は中岳方面から見た天狗ケ城。

白口岳 1720m

どの登山口から登ってもハードなため、山頂は混雑することはほとんどなく景色と昼食をじっくり味わえる。山頂直下の右斜面を染めるミヤマキリシマのピンクは圧巻。三俣山とのコントラストも最高だ。

稲星山 1774m

久住山と中岳に近く、それぞれもしくは両方の山を結んで縦走されることが多い。5～7月に白いマイヅルソウが咲き誇る一方、山頂手前に赤茶色の石ころが転がる。山頂の岩の下にあるお地蔵さんも隠れた人気スポット。

沓掛山 1503m

登山口から30分程度で山頂に到達する、くじゅう連山で最も“登りやすい”山。牧ノ戸峠から久住山や中岳に向かう際に必ず通る山なので、某登山アプリの投稿数が九州でナンバーワンに輝いたと聞いた。

星生山 1762m

あるがままの姿を言い表す仏教用語の“法性”に由来する。初夏にはミヤマキリシマ、秋には紅葉が楽しめる植物の宝庫。隣接する硫黄山の噴火によって1990年代から2002年にかけては立入禁止だった。

1

2

3

4

1・山開きの際には多くの登山者が集う久住山山頂／2・初夏の新緑が美しい西千里ケ浜を歩いている途中で、久住山が姿を現す／3・沓掛山から見たくじゅう連山。紅葉は登山者に大人気でベストシーズンの一つだ／4・天狗ケ城から見た御池。全面氷結し、池の上を歩いている登山者の姿も確認できる

教えて増田さん!

Q 牧ノ戸峠登山口から久住山、中岳、天狗ケ城を目指すルートは、なぜ王道として人気があるのでしょうか。

登山口へのアクセスの良さ、標高差の少なさ、最初と最後以外は急登がないからです。牧ノ戸峠―久住山だったら往復で5時間程度しかかからないのも魅力の一つでしょう。

Q 冬の御池は歩けるほど凍るそうですね。

全面凍結し、氷が分厚くなるので歩いて渡れるようになります。そり遊びをする人やジャンプをしながら撮影会を楽しむ人もいます。しかし、氷は溶けたり凍ったりを繰り返すので、歩く際には十分に注意してください。

Q 王道ルートの2回目、3回目の楽しみ方は。

最初、ミヤマキリシマのシーズンに登ったら、次は紅葉の時季に登ってみるなど季節を変えてみるのがオススメ。個人的にはぜひ、紅葉の時季の星生山に登ってほしいです。

Q ずばり、くじゅう連山の魅力は?

初心者からベテランまで、誰でも気軽に登れるところでしょう。それぞれの技術や体力に応じた登山口やコースが待ってますよ。ミヤマキリシマや紅葉が特に人気ですが、山域が広いので、それ以外の植物や雪景色、緑がきれいな夏の風景などそれぞれを楽しめます。

牧ノ戸峠登山口〜久住山〜中岳

牧の戸登山口

牧ノ戸峠登山口

大分自動車道の九重ICから県道40号、621号を経由。やまなみハイウェイ沿いにある。九重ICから30分程度。牧ノ戸峠駐車場からすぐ。駐車場は約200台。トイレ有。牧ノ戸峠レストハウスがあり飲み物やソフトクリームを楽しんだりお土産を購入したりできるが、営業時間に注意。別府や湯布院、豊後中村方面から九重町コミュニティバス、九州産交バス、亀の井バスが運行している。

YO! Check!

山行タイム 牧ノ戸峠登山口〜 25 〜沓掛山〜 50 〜扇ヶ鼻分岐〜 15 〜星生分岐〜 20 〜久住分かれ〜 30 〜久住山〜 25 〜御池〜 25 〜中岳〜 15 〜天狗ヶ城〜 15 〜久住分かれ〜 15 〜星生分岐〜 15 〜扇ヶ鼻分岐〜 40 〜沓掛山〜 15 〜牧ノ戸峠登山口（合計5時間）

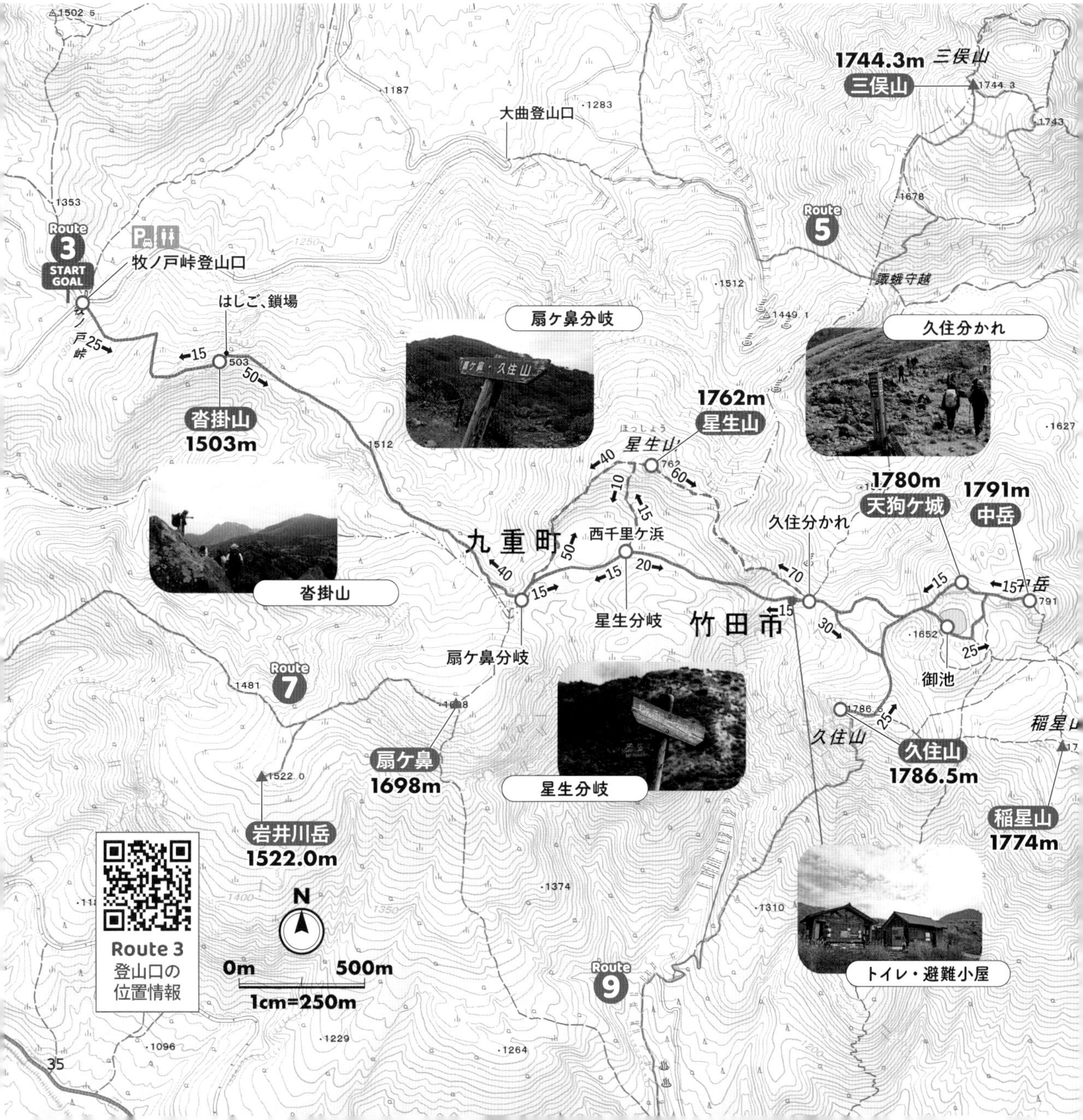
1744.3m 三俣山
三俣山
大曲登山口
Route 3 START GOAL
牧ノ戸峠登山口
Route 5
諏蛾守越
はしご、鎖場
扇ヶ鼻分岐
久住分かれ
沓掛山 1503m
1762m 星生山
星生山《ほっしょう》
1780m 天狗ヶ城
1791m 中岳
九重町
西千里ヶ浜
久住分かれ
沓掛山
星生分岐
竹田市
扇ヶ鼻分岐
御池
Route 7
扇ヶ鼻 1698m
星生分岐
久住山
久住山 1786.5m
稲星山 1774m
岩井川岳 1522.0m
Route 3 登山口の位置情報
N
0m 500m
1cm=250m
Route 9
トイレ・避難小屋

Route 4

王道ルートその2

長者原(九重)登山口〜法華院

北千里ケ浜から法華院に向かう道すがら、「岩」の世界の先に「森」が現れる

目的地は山頂でなく山荘

法華院に向かう場合、往路、復路ともに雨ケ池越にする人も多い。しかし、登山らしさを味わいたい、景色のバリエーションも欲しいのなら行きはスガモリ越、帰りは雨ケ池越のルートがおすすめだ。

長者原(九重)登山口をスタートし、まずは林道(硫黄山道路)を行く。指山自然観察路分岐を過ぎ、さらに進んだところにスガモリ越へのショートカット道があるので、左に折れて上ろう。この道を30分ほど行くと再び林道と合流する。

硫黄山の噴煙とにおいを目と鼻で感じながら歩いていく。硫黄山道路の行き止まりまで進んで、左折してからは、火山礫《れき》のゴロゴロ石が堆積した「ゴーロ帯」となる。滑りやすいところや、グラついている岩もあるので慎重に進もう。上り切ったところがスガモリ越だ。

山頂に立ったときの達成感こそが登山の醍醐味であり、目的のはず。でも、くじゅうには山頂を目指さない例外ルートがある。しかも、その例外が「王道」でもあるのだから面白い。王道その2として紹介するのは、長者原（九重）登山口発着で法華院温泉山荘を目指すルート。おすすめしてくれるのは、法華院代表の弘藏岳久さんだ。「ピークハントが目的ではない登山の先駆けじゃないですか？」と弘藏さん。山頂いや、山荘では温泉も待っている。

山々とともにくじゅうの魅力の一つとなっている法華院温泉山荘

弘藏　岳久
1962年生まれ。福岡市での会社員をへて、88年に先代の跡を継ぐ。僧籍を持ち、法華院の26代当主でもある。

このルート、弘藏さんの思い出の道でもある。「初めてのお使いでここを通りました」。小学生の頃、親に長者原までの買い物を頼まれた。「途中のスガモリ小屋でジュースを買いたくなる。でもお金は余分にないので素通りですよ」。当時、小屋には売店があった。でも今は無人の休憩所があるだけだ。

スガモリ越では、三俣山への上りと北千里ケ浜への下りが交わる。大小の岩を伝いながら北千里ケ浜に下り切った後は、三俣山を左手に見ながら歩いていく。600メートルほど平坦な道を進んだ辺りから、急な下りのルートが現れる。ここがスガモリ越のハイライトではないだろうか。奥に大船山、見下ろすと坊がつる。ここは、火山地帯の出口であり、森の世界への入り口でもある。

下った先にあるのが法華院だ。標高1303メートル。九州で最も高い場所の温泉を持つ山荘は、古くから多くの人たちに愛されてきた。

法華院は、1324年に天台宗の霊場として十二所大明神を祭ったのが始まりとされる。1470年には修験道場となり、法華院白水寺と呼ばれるように。以後、幾つかの寺が建ち、近くの湿原に宿坊ができた。一帯には「坊がつる」(つるは湿原の意)との名がついた。

1882年には、火災で寺が焼失し、弘藏さんの祖父が山小屋を始めたのが山荘のスタート。弘藏さんは3代目の山荘主人に当たる。

ここの良さはさりげない「もてなし」だと思う。談話室や屋外テーブルは自由に使える。持参した弁当を広げるのもいいし、カレーや牛丼などは売店で注文して食べるのもいい。

1・硫黄山道路からスガモリ越に向かう。ここから先は、大小の岩がゴロゴロしている「ゴーロ帯」となる／2・スガモリ越から下ったら北千里ケ浜に到着／3・雨が続けば池ができる「雨ケ池」には木道が設置されている。慎重に渡ろう／4・雨ケ池越への道中は樹林帯が続く

帰りは坊がつる方面へ。ラムサール条約登録の湿地は、湿原、高原性の花が数多く見られ、四季で表情が変わる。

九州自然歩道と重なる復路も自然豊かだ。坊がつるの先の分岐を雨ケ池方面へ行くと樹林帯に入る。ここは弘藏さんおすすめの箇所。「我々が草刈りをしてますから」。弘藏さんはボランティアの協力を得ながら登山道整備を行う。くじゅうでの楽しみはこのような活動に支えられている。雨ケ池では、春はクサボケ、イワカガミ、夏はママコナなどが咲く。最後はタデ原湿原に寄り道しよう。

「大地の鼓動を感じられるし、森の木々も楽しめる。この多様性が魅力です」と弘藏さん。スガモリ越が「岩」なら、雨ケ池越は「森」だ。火山の力強さとともに、花木の柔らかさを堪能できる。そして何より、山荘では、人の温かさに触れられる。法華院を訪れた人は必ずこう思うだろう。

「次は宿泊しよう」

長者原（九重）登山口～法華院

長者原（九重）登山口

大分自動車道の九重ICから県道40号、621号を経由。やまなみハイウェイ沿いにある。九重ICから30分程度。登山口自体は、スガモリ越、雨ケ池越、下泉水方面の3カ所に点在している。周辺には長者原ビジターセンター、長者原ヘルスセンター、レストハウスやまなみがあり、食事処も充実。駐車場は370台ほど。トイレ有。長者原と牧ノ戸峠間は、九重町コミュニティバス、九州産交バス、亀の井バスが運行している。

山行タイム 長者原（九重）登山口～35～林道分岐～85～スガモリ越～10～北千里ケ浜～50～法華院温泉山荘～60～雨ケ池越～60～長者原（九重）登山口（合計5時間）

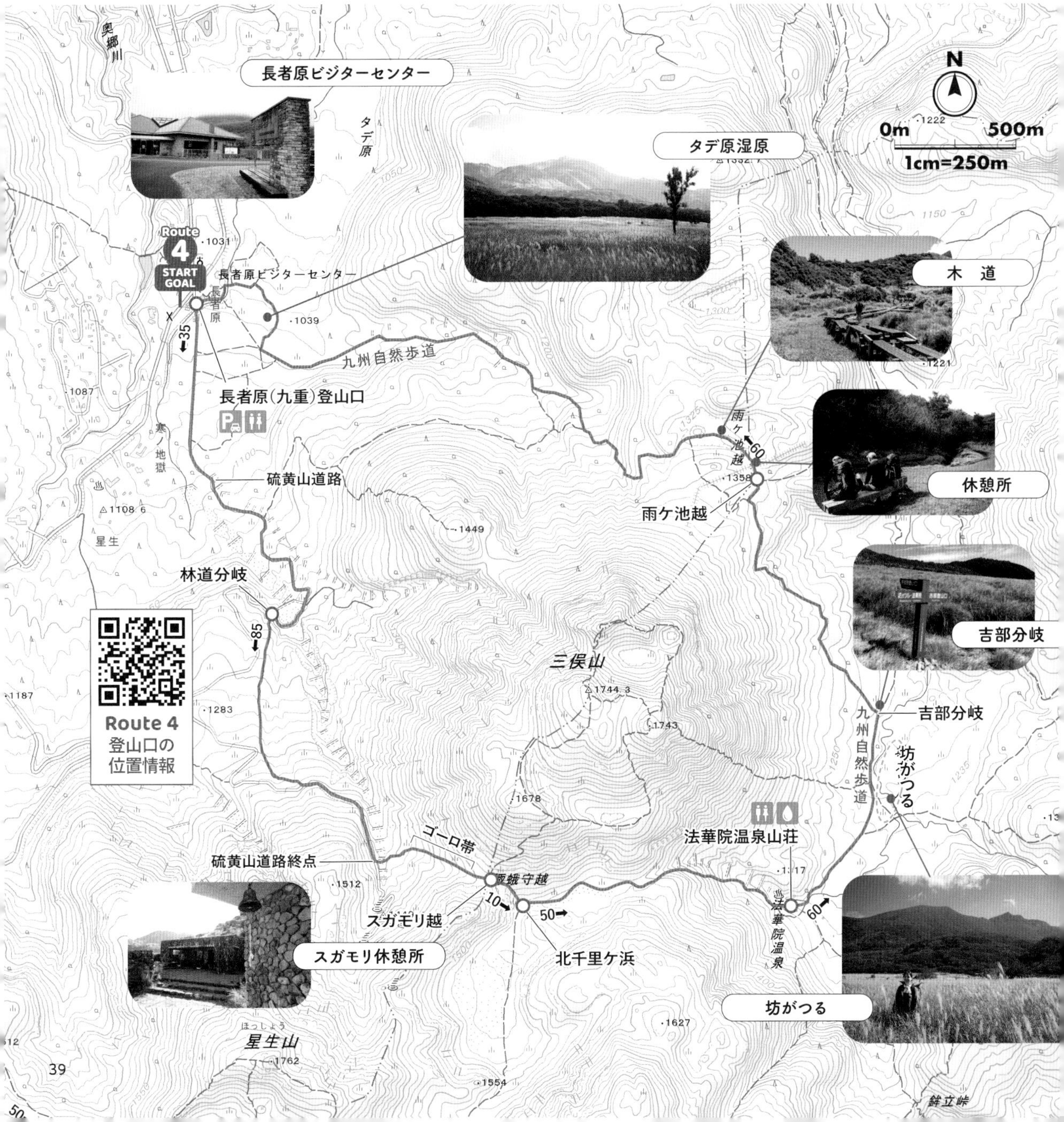

法華院で1泊する場合

法華院温泉山荘で宿泊すると、くじゅうの楽しみ方が一気に広がっていく。時間の余裕ができるし、テントはいらない。加えて、山荘でのおいしい夕食、朝食が待っている。ザックが軽くなった分、くじゅうを動き回ってみよう。1日目は牧ノ戸峠登山口をスタートして中心部を楽しむのがおすすめ。次の日は大船山、三俣山、平治岳のいずれかに挑戦してみよう。看護師登山家の渡邊直子さんとともにたどった1泊2日のルートを一例として紹介したい。

DAY2 ゴール
長者原（九重）登山口
雨ケ池越
坊がつる
DAY1 ゴール
DAY2 スタート
法華院温泉山荘
北千里ケ浜
大船山
DAY1 スタート
牧ノ戸峠
沓掛山
星生山
久住分かれ
中岳

6

1

7

3

2

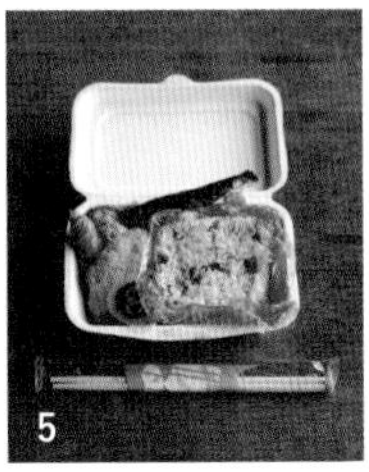

5

4

右ページ・扇ケ鼻分岐から星生山に直登。振り返ると素敵な紅葉が／1・星生山の尾根は岩場が続く／2・星生山でポーズをとる渡邊直子さん／3・法華院温泉山荘の食堂は、山好きたちの情報交換の場になる／4・法華院の夕食でエネルギーを補給しよう／5・予約すれば、チェックアウト日の昼食弁当もある／6・久住分かれから下りると硫黄山が間近に／7・色づいた大船山から由布岳も望める

くじゅう全体のいいとこ取り

紅葉の季節だけあり、牧ノ戸峠登山口の駐車場は早朝にもかかわらずいっぱいだった。

暗闇の中でスタート。ちょうど沓掛山に差しかかる頃、モルゲンロートを拝むことができた。今はヒマラヤの8000メートル峰を中心に登っている渡邊さんもその光景に感動したようで「くじゅうもやっぱりいいですね」と口にした。

中核部を目指す前に星生山に寄り道した。それも西千里ケ浜経由ではなく扇ケ鼻分岐からの直登を選んだ。さすが世界最高峰に挑戦する渡邊さん。サクサクと上って頂上付近で万歳ポーズを決めてくれた。

その後は久住分かれまで下り、御池付近まで散策。池ノ小屋で腹ごしらえをして中岳を目指した。1日目に踏むピークは時間を考えながら各自で選んでほしい。中岳の続きで天狗ケ城に行ってもいいし、中岳ではなく久住山でもいい。星生山に寄り道しなければ、中心部で「もう一山」もありかもしれない。

中岳の後は、久住分かれを経由して北千里ケ浜から法華院に向かった。

山荘といえば、温泉と夕食と言ってもいい。渡邊さんはご飯を3杯平らげた。山荘の最高記録は8杯だそうだ。食事が終わっても、テーブルで山談議は尽きない。ここでは知らない人とも自然と打ち解ける。もちろん1人がいいなら放っておいてくれる。一度泊まれば山好きに愛される理由が分かるだろう。

翌日は大船山に朝駆けした。極端な早起きをしなくていいのが山荘泊のメリット。2日目もくじゅうを目いっぱい堪能しよう。

取材は車2台だったが、1台でOK。その場合は長者原〜牧ノ戸峠のバスを利用したい。

坊がつる、タデ原湿原

長者原（九重）登山口そばにある「タデ原湿原」と法華院温泉山荘そばの「坊がつる」はラムサール条約登録湿地（登録名：くじゅう坊ガツル・タデ原湿原）。中間湿原としては国内最大級の面積を有し、春には野焼きが行われる

長者原・南側ルート

30近くの山で構成されるくじゅう連山。
1200〜1700メートル級が肩を組むように並ぶ姿は
「チームくじゅう」といった様相だ。
チームのメンバーは個性派ぞろいで、
登山者はそれぞれの〝推し〟の元へと足を運ぶ。
眺望、穴場、歴史…。
長者原・南側エリアから登れる山も売りはいろいろ。あなたのお好みは？

5

山姿も眺望も抜群

人気の山に登る　三俣山

大船山から坊がつるを挟んで望む三俣山。
正面が南峰、左側が西峰、右奥が北峰

くじゅう北麓の飯田高原から長者原へ向かう途中、視界の半分が三俣山になる瞬間がある。その堂々たる山容に、目が釘付けになるはずだ。登れば抜群の眺望で、丸く隆起した山頂四つを巡り歩くことができる。大船山と並び、くじゅうの紅葉スポットとして知られるが、それだけではない。春のマンサクに始まり、ツクシシャクナゲ、ミヤマキリシマなど季節に応じた花々も楽しめる。くじゅうの山で人気投票をすれば、トップ争い間違いなしの山。その楽しみ方を紹介したい。

三俣山の上り下りで、必ずと言っていいほど
目に入るスガモリ越の休憩所

四つのピークを巡ってみよう

誤解されがちだが、三俣山の山頂は三つではなく、四つ（本峰、西峰、北峰、南峰）ある。山頂がつくる山の分かれ目を「俣」といい、その俣が「どこから見ても三つある」のが名前の由来だ。定番である長者原（九重）登山口からのアプローチを紹介したい。

スガモリ越（標高1505メートル）までは、ルート4で紹介したコースと同じ道を行く。長者原ヘルスセンター裏の白水川の橋を渡り、硫黄山道路を南へ。この道の奥は、2020年7月豪雨で大量の土石流に覆われ通行不能になったが、復旧後は問題なく歩ける。

途中、ショートカットの登山道を上がり、再び硫黄山道路を噴気の上がる硫黄山に向かって進む。道路の終点に立つ標識から、左下に見える谷を通過して、岩が転がるゴーロ帯に入る。岩の黄色ペンキを目印に登り上がると、三俣山と硫黄山の鞍部の峠、スガモリ越に着く。

ここにはかつて、有人の「すがもり小屋」と売店があり、「くじゅうのオアシス」と呼ばれた。1995年、硫黄山が257年ぶりに噴火した影響で閉鎖。小屋の跡地には石造りの無人休憩所が建てられている。

休憩所そばには「愛の鐘」が掛かる。62年の元旦、近くの北千里ケ浜で、猛吹雪で道に迷った7人が犠牲になったのを受け、設置された。一帯がガスや吹雪に見舞われた時、小屋の主が鳴らす鐘の音を頼って多くの命が守られたという。

休憩所で一息入れたら、目の前の大斜面に取り付こう。登山

1・北峰から「大鍋」を見下ろす。紅葉期はここが赤や橙色になって華やぐ／2・道中のノリウツギ／3・スガモリ越の休憩所横にある「愛の鐘」。霧で道迷いした多くの登山者が、この鐘の音で難を逃れた／4・ミヤマキリシマが咲く本峰。眺望も良く、星生山－久住山の鞍部から顔を出すのは阿蘇・根子岳

道は右斜めに付いており、見た目ほどのきつさはない。高度を稼いで振り返ると、北千里ケ浜、久住分かれ、久住山が真っ直ぐ見通せる。登り上がって左に曲がり少し歩くと、三俣山・西峰に着く。

　本峰（1744・3メートル）へは、右手の急斜面に沿って北寄りに進み、一旦鞍部まで下りる。東側の草付きの急坂を右から巻くように登り返す。南峰への分岐を過ぎ、北へ進めば山頂標識が現れる。

　本峰は360度見渡せ、くじゅう連山全体だけでなく由布岳や鶴見岳も展望できる。台地状のピークでスペースも広い。

　本峰北東には、爆裂火口跡の「大鍋」「小鍋」がある。紅葉期は、このすり鉢状の窪地一帯が赤やオレンジ色に染まり、北峰を経て火口壁を半周するお鉢巡りルートがにぎわう。ただ、本峰から北は急斜面の下りが、お鉢巡りではやせ尾根や不安定な岩場も待ち構えており、初心者にはオススメできない。

　本峰、西峰、北峰、南峰に、南峰の西のピーク（Ⅳ峰）を加えて5峰と数える人もいる。三俣山の特徴は、霧がかかりやすいこと。山頂を巡る途中、「不明瞭な地形に迷って現在地を見失った」という話をしばしば聞くので、GPSや地図、コンパスは必ず持って行こう。

　坊がつるから三俣山南峰への直登ルートもある。途中で振り返ると坊がつるが美しく見える。しかし、傾斜がきつく黒土で滑りやすい道が長く続き、上級者向け。特に下りで使うのは避けた方がよい。

　三俣山登山の起点としては、大曲登山口も使える。

長者原（九重）登山口

大分自動車道の九重ICから県道40号、621号を経由。やまなみハイウェイ沿いにある。九重ICから30分程度。周辺には長者原ビジターセンター、長者原ヘルスセンター、レストハウスやまなみがあり、食事処も充実。登山口は、スガモリ越、雨ケ池越、下泉水方面の3箇所。スガモリ越に行く場合は、ヘルスセンター裏の道を進む。駐車場は370台ほどだが、ハイシーズン中は未明から満車になる。トイレ有。

大曲登山口

長者原から、やまなみハイウェイを車で5分ほど南下したヘアピン状の右カーブの左手にある。登山者用の駐車場はない。トイレもない。

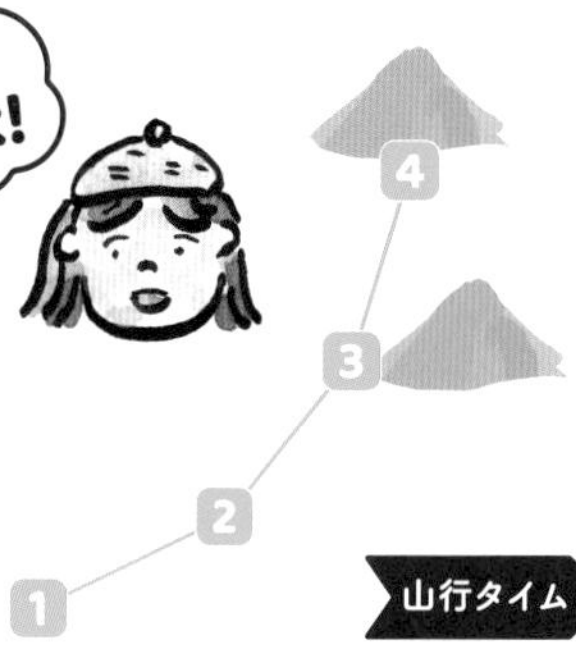

山行タイム

長者原登山口～ 90 ～硫黄山道路終点～ 30 ～スガモリ越～ 40 ～西峰～ 25 ～本峰～ 20 ～南峰～ 15 ～Ⅳ峰～ 45 ～スガモリ越～ 20 ～硫黄山道路終点～ 75 ～長者原登山口（合計6時間）
○本峰～ 20 ～北峰～（大鍋・小鍋のお鉢巡り）70 ～南峰
○大曲登山口～ 50 ～硫黄山道路終点～ 40 ～大曲登山口

Map P.52

硫黄山道路

1 噴気の上がる硫黄山に向かって進む。この先、砂防ダムの上を通り、岩の積み上げがったゴーロ帯を上る

スガモリ越

スガモリ越の休憩所

2 「すがもり小屋」跡地に、大分県が2000年に建てた。壁がなく風雪は防げない

三俣山西峰

3 スガモリ越からの上りで最初に着く山頂。中岳、天狗ケ城、久住山など中核部の山々がくっきり見える

三俣山本峰

4 台地状の広い山頂。少し行けば北峰と飯田高原、すり鉢状の火口跡「大鍋」も見下ろせる

Route 6

黒岩山～上泉水山～下泉水山

くじゅう中核望む穴場ルート

人気スターそろい踏み

長者原登山口から西側に見える尾根が今回のルート。くじゅうの中心部へ向かう登山客を横目に、あえて中心部とは反対の方向へ歩き始めよう。

長者原に車を止め、牧ノ戸峠までは路線バスを使うのがおすすめだ。便数は少ないものの、舗装路を1時間弱歩くより時間も体力も節約できる。

牧ノ戸峠バス停からの登り始めはアスファルトの道が続き、まもなく急な上りに変わる。30分も歩けば、1座目の黒岩山に到着。その名の通り、山頂は浸食された黒い溶岩が目につく。展望は開け、岩の上に立つと涌蓋山《わいたさん》や一目山《ひとめやま》の秀麗な姿も見られる。

東へ下り、ササやススキの間を抜けていくこと約20分。大崩ノ辻の分岐へ向かう途中にある1456メートルピークが、くじゅう連山の中核を眺める〝特等席〟だ。

くじゅう連山と聞いて、頭にまず浮かぶのはどんな光景だろう。美しい峰々が波打つように連なるイメージかもしれない。ただ実際のところ、美しい山並みを一望できるスポットはそう多くはない。そこで、くじゅう中核の山々を間近に見渡せる穴場のルートを紹介したい。長者原と牧ノ戸峠のメジャーな両登山口を結ぶ縦走路で、路線バスを組み合わせれば周回もできる。初心者や家族連れでも楽しめ、一度に3座も踏破できる。そんなお得感いっぱいのコースへ、さあ出かけよう。

左奥から平治岳、三俣山、硫黄山、星生山が並び、硫黄山の後ろには中岳も。ルートから望むくじゅうの連なりは美しい

ミヤマキリシマの季節には、登山道から三俣山などの名峰との共演が楽しめる

水平距離で約3キロ離れた三俣山～星生山の連なりが見え、その背後に中岳と天狗ケ城の山頂が顔を出す。さらには、両脇を固めるように左手に平治岳、右手に扇ケ鼻が鎮座する。人気スターそろい踏みのくじゅうのイメージ通りの眺めだ。

くじゅうのベテラン登山者の話では、単にたくさんの山が見られるというだけではなく、一つ一つの山の輪郭までくっきり分かる、絶妙な距離感が魅力という。

絶景に浸り、エネルギーをチャージできたら先へ進もう。

伝説の地を眺めながら

大崩ノ辻分岐を北へ歩く。登山道の右側は崖になっている場所が多いので、滑落しないよう十分注意しよう。アップダウンを繰り返す尾根の先に、上泉水山の頂が見えてくる。山頂はあまり広くないが、ここもやはり眺めがいい。

傾斜のやや急な道を下り、アセビの樹林帯を少し登り返すと、ルート最後の下泉水山の山頂にたどり着く。バスを含めて3時間ほどで三つも山頂を踏むことができるとは、お得感と達成感が同時に込み上げてくる。

下山の途中、雄大な飯田高原が見えてくる。かつて朝日長者という大富豪がいたという伝説が残る高原で、山名の泉水は屋敷から望む山を庭の池（泉水）になぞらえたことに由来するとも言われる。

ここまで来たら、同じく朝日長者伝説から名付けられたという長者原登山口まではもう一息だ。急傾斜の草地を下り、キャンプ場跡を抜け、橋を渡ればゴールの長者原に出る。

1・左からうっすら雪化粧した三俣山と星生山。四季折々のくじゅうの表情が楽しめるルートで、冬の景色もなかなか趣がある／2・黒岩山のツクシシャクナゲ。つぼみは紅色、開花すればピンクが山を彩る／3・ミヤマキリシマの季節は山一面がピンクに彩られる

くだんのベテラン登山者は、このルートは「季節を変えてまた来たくなりますよ」と太鼓判を押す。一帯は3月に野焼きがあり、4月には下泉水山をキスミレが染める。6月のミヤマキリシマ、10月の紅葉とコースの表情は刻々と変わる。

中でも冬が面白い。遠くに雪化粧したくじゅうの名峰を望み、条件がそろえばルート沿いで樹氷も観賞できる。路線バスを使えば、凍結した舗装路を恐る恐る歩く必要もない。

四季を通じて、ぜひ何度も足を運んでほしいルートだ。もちろん、その際はカメラをお忘れなく。

長者原—牧ノ戸峠をバスを使わないなら歩くしかないの？
車が2台あれば、登山前に長者原に1台止めておく手もあるよ！

牧ノ戸峠登山口

大分自動車道の九重ICから県道40号、621号を経由。やまなみハイウェイ沿いに立地。九重ICから30分程度。牧ノ戸峠駐車場からすぐ。駐車場は約200台。トイレ有。牧ノ戸峠レストハウスがあり飲み物やソフトクリームを楽しんだり、お土産を購入したりできるが営業時間に注意。別府や湯布院、豊後中村方面から九重町コミュニティバス、九州産交バス、亀の井バスが運行している。久住山方面への登山口ではなく、道を挟んだ反対側が入口となる。

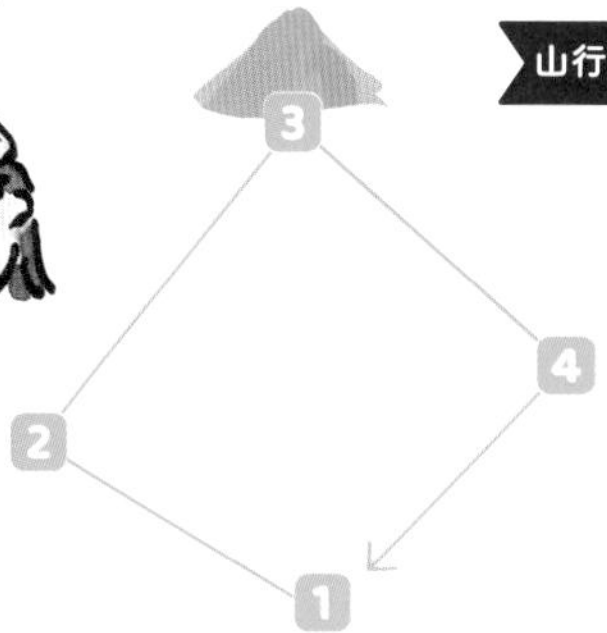

山行タイム 長者原登山口〜 50（バス10）〜牧ノ戸峠登山口〜 30 〜黒岩山〜 30 〜 1456mピーク〜 10 〜大崩ノ辻分岐〜 40 〜上泉水山〜 20 〜下泉水山〜 40 〜長者原登山口（合計3時間40分）

Map P.53

4 長者原登山口 ← 牧ノ戸峠登山口

1 長者原から牧ノ戸峠までは路線バスがおすすめ。バス停近くの登山口から東屋まではアスファルトの道が続く。その先は少し急な坂道になっている

下泉水山

上泉水山

2 黒岩山と上泉水山方面の分岐を示す道標。登山口からやや急な坂が続くのでほっと一息付ける場所だ

黒岩山

3 黒岩山の山頂。登山口から30分ほどでたどり着けるので気軽に登れる

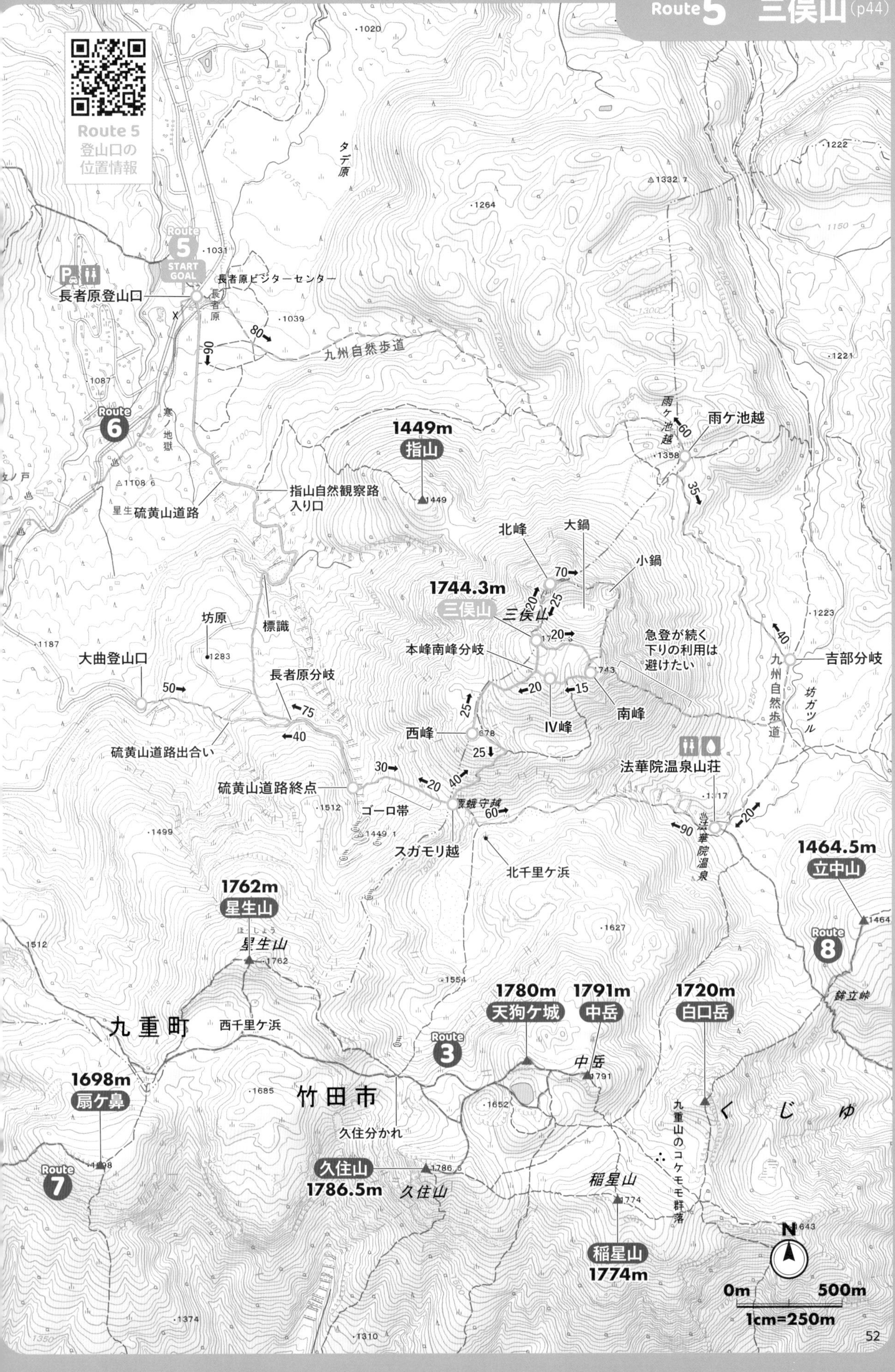
Route 5
登山口の
位置情報
Route 5
START
GOAL
長者原登山口
長者原ビジターセンター
長者原
タデ原
九州自然歩道
Route 6
寒ノ地獄
硫黄山道路
指山自然観察路
入り口
1449m
指山
1744.3m
三俣山
三俣山
北峰
大鍋
小鍋
本峰南峰分岐
急登が続く
下りの利用は
避けたい
IV峰
南峰
西峰
坊原
標識
大曲登山口
長者原分岐
硫黄山道路出合い
硫黄山道路終点
ゴーロ帯
スガモリ越
北千里ケ浜
雨ケ池越
雨ケ池越
吉部分岐
九州自然歩道
坊ガツル
法華院温泉山荘
法華院温泉
1464.5m
立中山
Route 8
鉾立峠
1762m
星生山
星生山
九重町
西千里ケ浜
竹田市
久住分かれ
1780m
天狗ケ城
1791m
中岳
中岳
1720m
白口岳
くじゅう
九重山のコケモモ群落
Route 3
1698m
扇ケ鼻
Route 7
久住山
1786.5m
久住山
稲星山
稲星山
1774m
N
0m
500m
1cm=250m

Route 6
登山口の
位置情報
奥郷川
1296m
下泉水山
泉水山
40
急傾斜、
滑りやすい
長者原登山口
長者原ビジターセンター
START
GOAL
50
九州自然歩道
1447m
上泉水山
20
大崩ノ辻
40
大崩ノ辻分岐
牧ノ戸
寒ノ地獄
星生
1449m
指山
1502.5m
黒岩山
10
30
1456mピーク
眺めがよい
大曲登山口
展望所
30
牧ノ戸峠登山口
牧ノ戸峠
1762m
星生山
ほっしょう
1503m
沓掛山
九重町
1698m
扇ケ鼻
竹田市
久住山
1786.5m
1522.0m
岩井川岳
N
0m
500m
1cm=250m

Route 7

マイナーだけど魅力的

瀬の本登山口〜岩井川岳〜扇ケ鼻

友達のいつもと違う表情を見て親近感が増すことがある。扇ケ鼻の西にある岩井川岳《いわいご》で、広大なササ原の台地を目にしたら、「いつもと違うくじゅう」を体験できる。阿蘇五岳にくじゅうで最も近い山でもあり、扇ケ鼻までの一帯は秋になるとドウダンツツジで紅色に染まる。マイナーながら見所のある、知る人ぞ知るルートを紹介する。

草原大地の開放感満点

瀬の本登山口を出発して1時間は、スギ林の作業道やアセビの森を抜ける鬱蒼《うっそう》とした山歩き。岩井川岳の北西尾根に取り付くと、ミズナラ、カエデなど落葉広葉樹の茂る明るい尾根歩きに変わる。足元は伸び放題のササで、朝露がパンツの膝下を濡らす。

岩井川岳分岐に着いて南を望むと、ササに覆われた草原台地が一面に広がる。その開放的な空間に圧倒され、「ここ、本当にくじゅう？」と言いそうになる。視線の先に大きく見える阿蘇五岳が、豪華な草布団の上で気持ちよく横たわっているかのよう。火山性の山が視界に入らない風景が、実に新鮮だ。

草原台地にはミヤマキリシマの株が点在する。平治岳のような群生ミヤマの迫力がない分、シーズン中は「ミヤマキリシマ公園」の風情を、ゆっくり眺め

瀬の本登山口

大分自動車道の九重ICから、県道40号の四季彩ロードを走って筋湯温泉方面へ。筋湯を過ぎ、やまなみハイウェイとぶつかる三差路を右折し熊本・阿蘇方面に。久住高原ロードパークの入口を過ぎ、すぐ右の駐車場に止める。登山口は牧ノ戸峠の方へ5分戻り、右手の杉林に入る伐採用道路にある。

山行タイム

瀬の本登山口～60～北西尾根取り付き～30～岩井川岳分岐～10～岩井川岳～10～岩井川岳分岐～40～扇ケ鼻～30～岩井川岳分岐～60～瀬の本登山口（合計4時間）※扇ケ鼻～牧ノ戸峠は75分

Map P.65

紛らわしい分岐

登山道の横にならされた作業道が現れるが、無視して道なり（写真では左）に歩こう

分岐点には、表示板が木の枝に掛かる。ボロボロ具合から、このルートのマイナーさがうかがえる

岩井川岳分岐

岩井川岳分岐から南西方向へ10分下る。三等三角点の横にある手作り感のある標識がいい

岩井川岳山頂

岩井川岳分岐から南に広がる草原台地。その先には阿蘇五岳がでんと横たわる

て楽しむ人もいる。穴場である。

岩井川岳の緩く傾いた台地を10分ほど下った場所に、三等三角点と手作りの山頂標識がある。下って山頂に達するという不思議な体験は、なかなかできない。

分岐まで引き返して扇ケ鼻へ向かう。扇ケ鼻の南側はドウダンツツジ斜面と呼んでよいほど群生している。秋は、赤く色づいた道を40分余り上って扇ケ鼻山頂に。そこからは、久住山や星生山など見慣れたくじゅうを眺めよう。

瀬の本登山口にピストンするのが一般的だが、扇ケ鼻分岐に下り、牧ノ戸峠で下山する選択肢もある。牧ノ戸峠で九州横断バスに乗って筋湯温泉入口で下車し、10分歩いて瀬の本駐車場に着くという方法があるから。牧ノ戸峠発の最終バスは15時41分。前日までに乗車予約が必要だが、空席があれば乗れる。

くじゅうの「見たこともない風景」を探している人には、イチ押しのルートだ。

Route 8
かつてのメーンルート
一番水登山口〜立中山
峠を越した後にある「佐渡窪」。
昔の人たちも一息入れたに違いない

くじゅうの歴史
感じながら

一番水登山口の「一番水」とは湧き水のこと。水温8・5度は、九州の地下水で最も低いといわれ、古くは入山する際に身を清めるために使われたという。手に当ててみると確かに冷たい。安全を願いつつ、湧水を口に含んで出発だ。

最初は沢を左手に見ながら緩やかに登っていく。30分ほど進んだ頃だろうか。「ここからヤマザクラの森です」とガイドの平野泰祐さん。聞けば、その数4000本。取材したのは6月だったので花はなかった。毎年4月には、白、薄いピンクの花が咲き誇るという。

ヤマザクラの森を抜け、林道に出ると「朽網《くたみ》分かれ」となる。朽網は「くじゅう連山」を指す古語だったそうだ。この分岐で、沢水《そうみ》登山口からの上り道と合流し、先は九州自然歩道と重なっていく。林道を少し進むと「登

本書冒頭で、長者原（九重）登山口発着で法華院温泉山荘を巡るルートを「王道」として取り上げたが、時が時なら「んなわけない！」と異論が噴出していたかもしれない。法華院へは、今でこそ北側からのアクセスを選ぶ人が圧倒的。だが、かつては南側から鉾立峠を経由する道がメーンだったのだ。ここで紹介するのは、一番水登山口を出発して法華院を目指すルート。道中には、往時の面影がそこかしこに残っていた。

道中、数体石仏を見つけた。どれも状態は悪い中、この石仏はきれいに補修されていた

「山道入り口」の標識があるので左に折れて、森の中に入っていこう。

気持ちよく歩けるルートだ。樹林帯が続くので日差しがしのげるし、鳥のさえずりも清涼感をもたらしてくれる。そして、道幅が広くて歩きやすい。近年の水害で道が流され、迂回する箇所もあったが、総じて迷いにくいのもいいところだ。

広い道幅は、法華院に荷物を運ぶための馬が通っていた頃の名残だという。そういえば、法華院当主の弘藏岳久さんが言っていた。「小学校の頃、裸馬が荷物背負って歩いてましたよ」。馬も歩きやすい道がいいに決まっている。

樹林帯を進み、勾配が急になってきたところで、平野さんの声がした。「ありましたよ」。岩場の上に石仏が1体鎮座していた。

石仏を過ぎてからはかなりの傾斜となるが、ジグザグ道なのでさほどきつくない。その途中からは石畳の道になった。

1・鉾立峠に到着後、来た方向を振り返る。眼下に佐渡窪が見える／2・佐渡窪の木道を渡る。雨天時の迂回路もある／3・立中山山頂からの眺め。これから行く法華院山荘が見下ろせた／4・鍋割峠辺りは、石畳の道が続く。歴史を感じさせるところがこのルートの魅力だ

この坂の名は「鍋割坂」という。道が悪く、運んでいた鍋がすべて割れてしまったことからその名が付いたとされる。

鍋割峠を下ると佐渡窪に到着。木道を行くと、正面には今から目指す鉾立峠が見える。右手には大船山と北大船山。左手は山肌をえぐった土石流跡が生々しい白口岳だ。佐渡窪にもこの土砂が大量に流れ込み、堆積している。ここでは3月ごろにマンサクが楽しめるが、木の幹もかなりの高さまで埋まっていた。

窪地の先のガレ場から登っていくと20分ほどで鉾立峠に着いた。振り返ると佐渡窪、その奥には鍋割峠、そして祖母、傾山まで見える。

「昔は竹田側が大都会、九重側は田舎だったんですよ」と平野さん。この先は法華院への表参道。鉾立峠を境に、殺生禁断の聖域となる。今でこそくじゅうは「登山の場」だが、かつては「信仰の場」だった。修験者たちはこの峠を行き来した。明治以降は法華院への物資運搬ルートにもなった。いずれも入り口は南側。だから、生活、歴史の跡が残っている。

でも時代は移ろう。昭和30年代の登山ブームで人が押し寄せ、やまなみハイウェイも開通した。40年代になると大船林道もでき、登山も輸送も北側からになった。

鉾立峠から立中山へ。山頂付近にはミヤマキリシマが咲く。ここで食事をしてもいいし、もう一踏ん張りして法華院で食べるのもいい。お腹を満たした後は、温泉でリフレッシュできる。

いい景色の中での食事に、疲れを癒やす温泉。アクセスは変わった。でも楽しみ方は、昔も今も同じなのかもしれない。

一番水登山口～立中山

一番水登山口

別名「レゾネイトクラブくじゅう登山口」。大分県竹田市のホテル「レゾネイトクラブくじゅう」そばにある。大分自動車道の九重ICから県道40号を経由し、「ぐるっとくじゅう周遊道路」に入る。周遊道路（県道669号）沿い左手にある。九重ICから約1時間。10台ほど駐車可能。トイレなし。

沢水登山口は、一番水登山口の西側約3キロほど。沢水キャンプ場（トイレあり、約80台）か、沢水展望台（トイレなし、5台ほど）に駐車する。

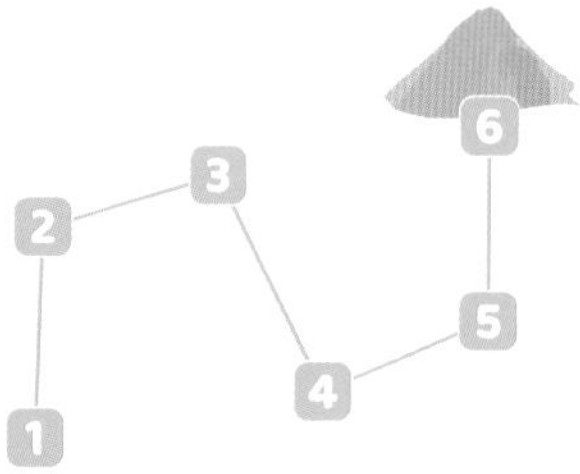

山行タイム 一番水登山口～40（沢水登山口～60）～朽網分かれ～90～鉾立峠～25～立中山～20～鉾立峠～25～法華院温泉山荘～30～鉾立峠～70～朽網分かれ～30～一番水登山口(合計5時間30分)

Map P.64

朽網分かれ

1 沢水登山口からの道との合流地点。これより先は九州自然歩道とも重なる

登山道入り口

2 一体は豪雨被害の跡が生々しい。建設中の砂防ダムの手前で左に取り付いていく

3 **鍋割峠**

佐渡窪

4 白口岳斜面から流れ出た土砂が堆積していて、案内板支柱のほとんどが埋まっていた

鉾立峠

5 かつては梓峠（ほことう）と呼ばれていた。奥に見えるのは白口岳の山肌

立中山

6 ミヤマキリシマが咲き誇っていた立中山。この日も多くの人で賑わっていた

Route 9

くじゅうと阿蘇をいっぺんに

赤川登山口〜久住山

登山道途中で振り返れば
阿蘇の大パノラマが広がる

新設登山道も急坂のまま

大分自動車道九重ICから「ぐるっとくじゅう周遊道路」を経由して、50分程度(約40キロ)で赤川登山口駐車場へ。駐車場にはトイレも完備されていて安心だ。登山口に向かう途中、赤川温泉の看板が目に入った。この登山口の魅力の一つは、すぐそばに名湯があること。「下山後はここ」。誰もがそう思いながら歩を進めるはずだ。

緩やかな登山道を進むと10分ほどで、せせらぎの音とともに視界が開けた。その後の急登に備えてゆっくりと進もう。木橋で沢を渡ると、赤川温泉の源泉湧き出し口が見える。独特の硫化水素の臭いを感じながら、先へ進む。

初夏はドウダンツツジが多い道で、見上げれば肥前ケ城の柱状節理も眺められる。時季によっては枯れ葉などで道が分かりにくくなることもあるが、カ

四季を問わず多くの登山客でにぎわうくじゅう。でも、たまには静かに登山を楽しみたいという人もいるだろう。そんな時は、連山をぐるりと回って南面から久住山に登ってみてはいかが？　牧ノ戸峠や長者原といった人気登山口のある側からのアプローチよりも険しく、決して楽しいだけではないルートだ。だからこそ、登山者も少なく、静けさも味わえる。いつもとは違ったくじゅうの表情、そして何より、「阿蘇を望める」というたまらないご褒美も待っている。

大勢の登山客でにぎわう久住山山頂

ラーテープを参考にすると迷いにくい。歩き始めて1時間ほどたった頃だろうか。このコースで一番の傾斜に差しかかった。

以前から深くえぐれた歩きにくい道だったが、２０１６年の熊本地震の影響で崩壊し、通行できなくなった。急ピッチの工事のおかげで、17年12月に新たなルートが開通した。現在の道は、右下へ下ってから以前の登山道をやや東に回り込む形で上り直す。急坂であることには変わりがないが、階段が設置されたので歩きやすくなった。

登山道はますます急になる。岩をよじ登り、ロープを利用する場所もある。でも、6月上旬であれば満開のミヤマキリシマ、秋には紅葉が背中を押してくれる。それ以外の季節でも、久住山に対して真後ろに振り返ってみよう。標高１４００メートルを過ぎた辺りからは、世界最大級のカルデラを持つ阿蘇山のパノラマが広がる。「くじゅうに登りながら阿蘇を望む」というぜいたくを味わって

1・源泉湧き出し口の近くに架かる橋／2・急登では岩をよじ登りロープを利用する場所も／3・肥前ケ城の柱状節理／4・2017年12月に開通した階段の新たなルート

いると、間もなく久住山頂上だ。

久住山に着くと周囲のギャップに驚くはずだ。道中とは違い頂上は人気登山口から出発した登山客でにぎわっている。この日は平日だったが、山頂標識とのツーショット撮影に行列ができていた。別世界に突然迷い込んだようだ。ハードな登山を約2時間30分乗り越えた後は、阿蘇山や祖母山などを眺められる360度の大パノラマが広がっている。空気が澄んでいるときは由布岳や普賢岳まで見渡せることもある。

下山する際は、岩場がとにかく滑りやすいので手袋持参がおすすめ。単純なピストンでは物足りない健脚には、久住分かれ―西千里ケ浜―扇ケ鼻を経由して戻ってくるルートもある。下山後は登山口で目にした赤川温泉に行こう。他ではあまり味わえない個性的な硫黄泉が待っている。

体力に自信がある人は赤川登山口（もしくは南登山口）から、猪鹿狼寺《いからじ》跡から七曲りと急坂を上って久住山山頂を目指す上級者向けコースもある。

きつく、つらい分、楽しみが広がる。それが南面コースの醍醐味。その先には、くじゅうの別の顔が見えるだろう。

通好みのくじゅうに会えるんだ！
下山後の温泉も楽しみよ♪

Route 9 赤川登山口～久住山

赤川登山口

大分自動車道の九重ICから県道40号などを経由。ぐるっとくじゅう周遊道路を東に進みくじゅう高原マルシェの先を左折。九重ICから50分程度。赤川登山口駐車場からすぐ。駐車場は約40台。トイレ有。南登山口は、赤川登山口の南東約4キロ。「くじゅう花公園」の真向かいに30台ほど駐車できる。トイレなし。

YO! Check!

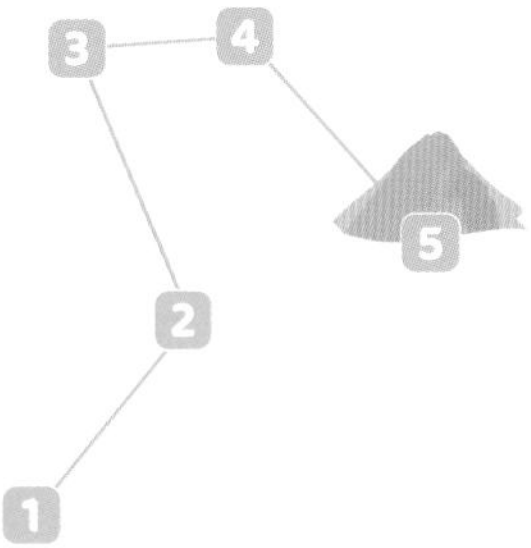
1
2
3
4
5

土石流被災後に整備された赤川橋

1 ここまではなだらかな道。風景を楽しみながら急登に備えてゆっくり渡ろう

山行タイム 赤川登山口～30～林道利用終わり～120～久住山～70～林道利用終わり～20～赤川登山口（合計4時間）

Map P.65

登山道

2 赤川の左岸斜面を北上する登山道。踏み跡が分かりにくい場所には、トラロープが張られている

3 急登が続くが、ミヤマキリシマが咲き誇る6月は、登山者を楽しませる

4

南面ならではの荒々しい久住山が姿を見せる

楽じゃないが、
南面だからこその
楽しみ、味わいが
盛りだくさん！

久住山

久住山 一七八六・五M
久住山

5 久住山頂上では、視界が良ければ阿蘇山や祖母山も見える

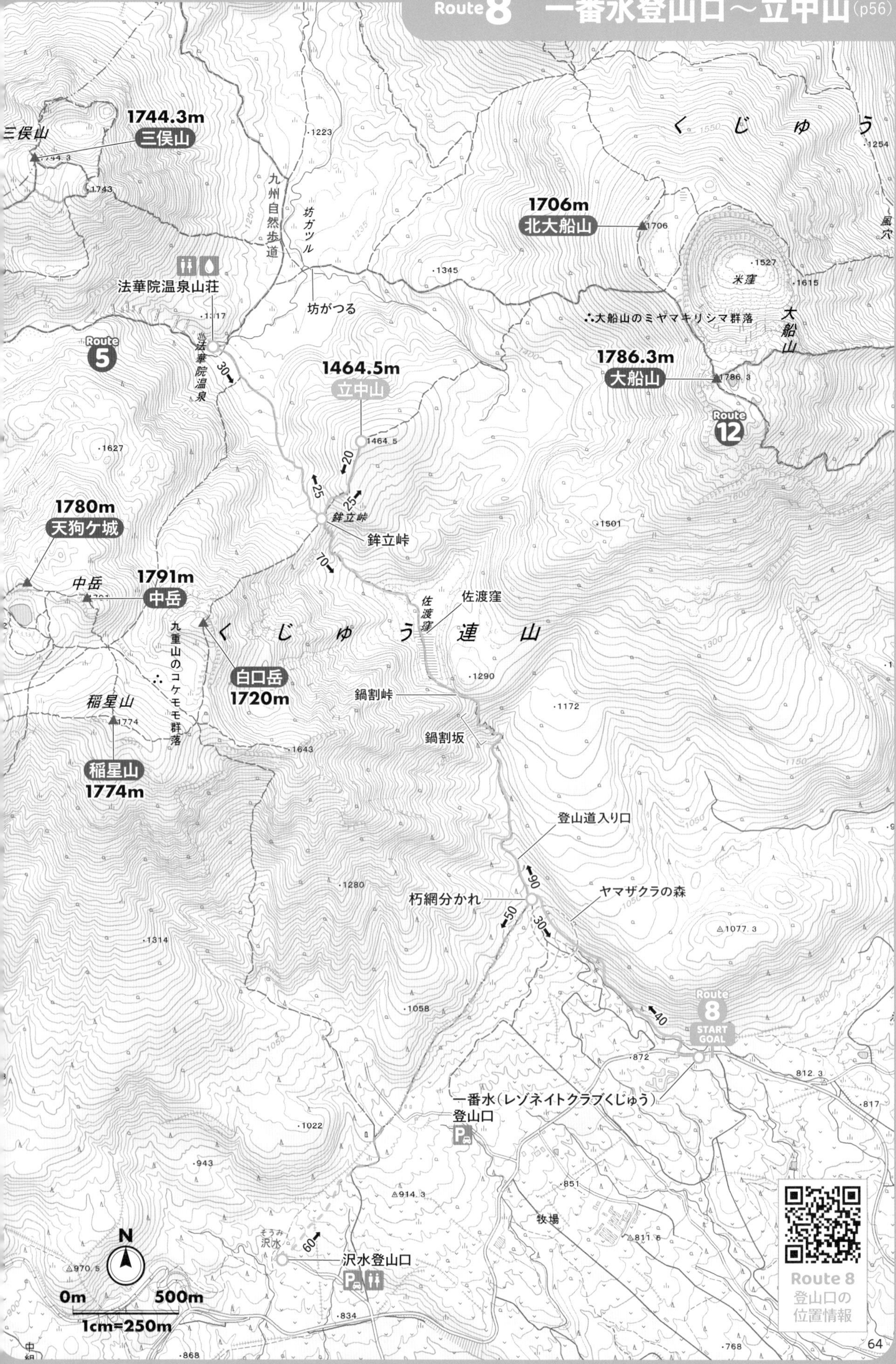
1744.3m
三俣山
三俣山
1706m
北大船山
くじゅう
米窪
大船山
風穴
大船山のミヤマキリシマ群落
1786.3m
大船山
Route 12
九州自然歩道
坊ガツル
坊がつる
法華院温泉山荘
法華院温泉
Route 5
1464.5m
立中山
鉾立峠
鉾立峠
1780m
天狗ケ城
1791m
中岳
中岳
佐渡窪
佐渡窪
くじゅう連山
九重山のコケモモ群落
白口岳
1720m
稲星山
稲星山
1774m
鍋割峠
鍋割坂
登山道入り口
杤網分かれ
ヤマザクラの森
Route 8
START GOAL
一番水（レゾネイトクラブくじゅう）
登山口
牧場
沢水
沢水登山口
N
0m
500m
1cm=250m
Route 8
登山口の
位置情報

Route 7 瀬の本登山口～岩井川岳～扇ケ鼻(p54)

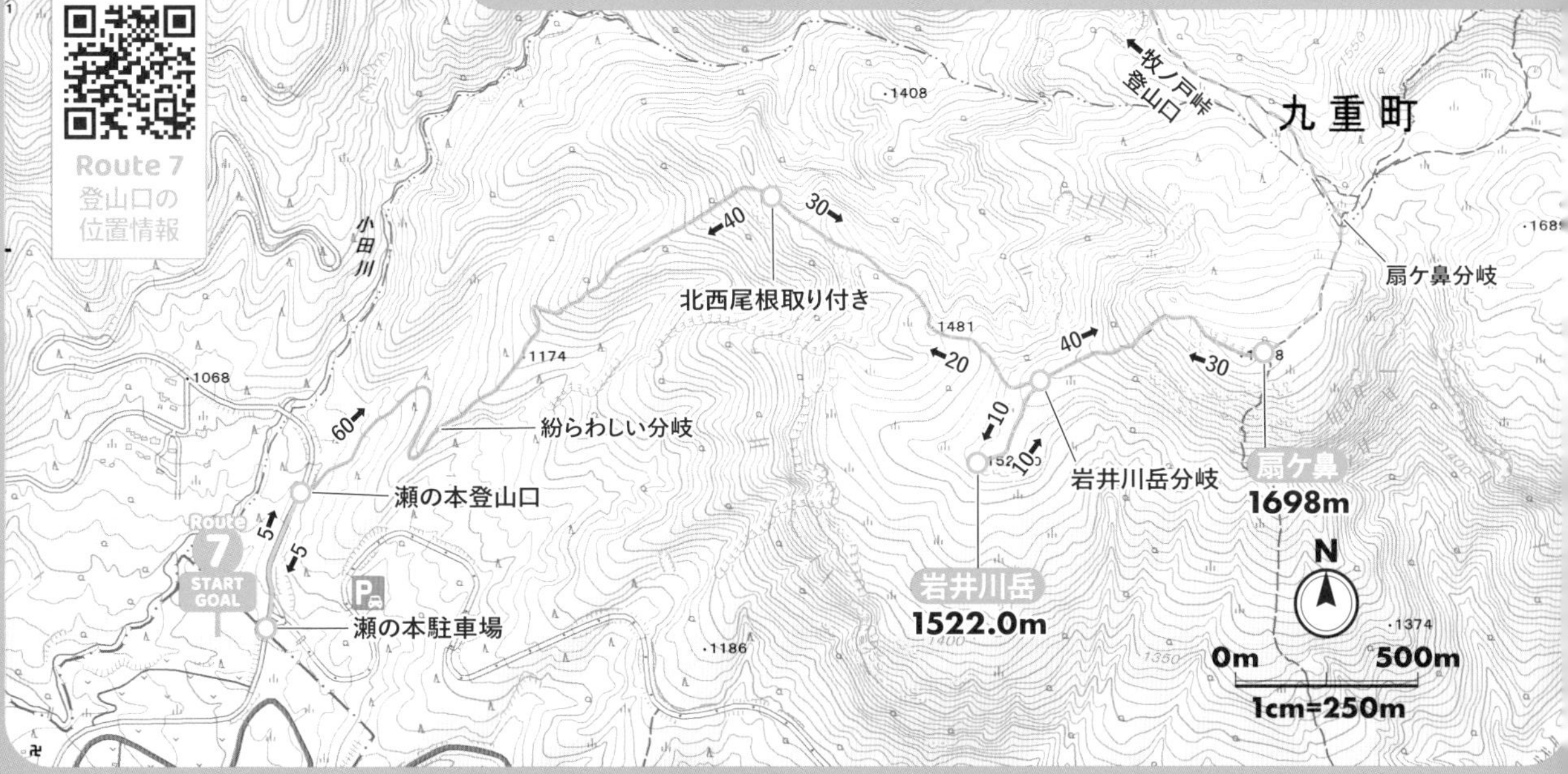
Route 7
登山口の
位置情報
九重町
←牧ノ戸峠
登山口
扇ケ鼻分岐
北西尾根取り付き
紛らわしい分岐
瀬の本登山口
瀬の本駐車場
岩井川岳分岐
扇ケ鼻
1698m
岩井川岳
1522.0m
小田川
Route 7
START
GOAL
60
40
30
20
40
30
10
10
5
5
1408
1174
1068
1481
1186
1374
1689
N
0m
500m
1cm=250m

Route 9 赤川登山口～久住山(p60)

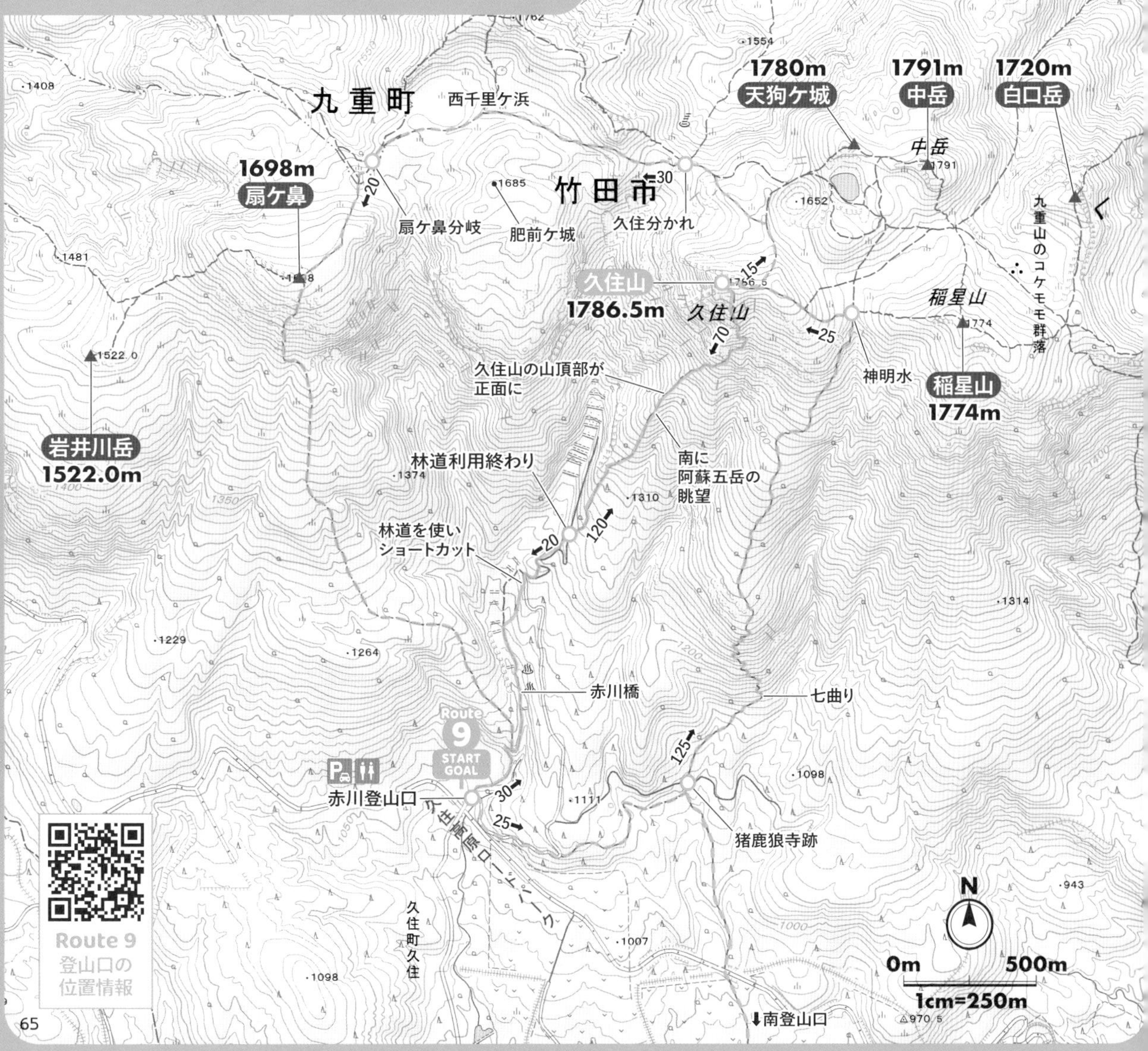
九重町
西千里ケ浜
竹田市
1780m
天狗ケ城
1791m
中岳
1720m
白口岳
中岳
1698m
扇ケ鼻
扇ケ鼻分岐
肥前ケ城
久住分かれ
久住山
1786.5m
久住山
神明水
稲星山
稲星山
1774m
九重山のコケモモ群落
岩井川岳
1522.0m
久住山の山頂部が
正面に
南に
阿蘇五岳の
眺望
林道利用終わり
林道を使い
ショートカット
赤川橋
七曲り
赤川登山口
猪鹿狼寺跡
久住高原ロードパーク
久住町久住
↓南登山口
Route 9
START
GOAL
登山口の
位置情報
20
30
15
25
70
120
20
125
30
25
1627
1554
1762
1408
1685
1652
1481
1374
1310
1314
1229
1264
1098
1111
1007
1098
943
970.5
N
0m
500m
1cm=250m

男池園地

男池登山口付近は原生林と水が豊かな地域で、登山だけでなく、一帯を散策する観光客の姿も見られる。黒岳の麓にある男池湧水群は、環境省の「名水百選」にも選ばれている

東側エリア

火山群の印象が強いくじゅうだが、
東側エリアはイメージを覆す空間が広がっている。
原生林に分け入ったり、大きな滝に癒やされたりと、
くじゅうの多様性や懐の深さを目の当たりにできる。
気軽に山登りが楽しめる観光バスだってある。
ルートも登り方も一様じゃないのがいい。

Route 10

原生林を歩く

男池登山口〜風穴〜黒岳

歩いた先は緑の世界

黒岳の山名は、原生林に覆われた山容が一年を通して黒っぽく見えるためとされる。原生林に降った雨が地下から湧き出す男池湧水群(環境省「名水百選」)は、登山口を入ってすぐの男池橋を渡った先の右手にある。年中水温12度の水が、毎日2万トン湧いているという。

　登山道は、クヌギ、コナラ、ケヤキ、ブナ、ミズナラ、クロモジ、その他の落葉広葉樹の森を縫うようについている。大岩を太い根でつかむ樹木は、未確認生物にも見えてしまう。全面苔で覆われた岩がここかしこにあり、緑の空間が続く。豊かな森は木の実も虫も多く、鳥には楽園だ。バードウオッチャーも多い。秋になると、原生林の紅葉はひと味もふた味も違う色彩美を楽しませてくれる。

　一般に、原生林の森はルートが分かりにくい山域が多い。だ

ソババッケと奥ゼリの間に広がる緑の異世界。無数の樹林に視界を遮られ不思議な感覚が味わえる

くじゅう連山の北東に位置する男池《おいけ》登山口から山に入ると、「くじゅう＝火山」のイメージが覆る。なぜなら、ひたすら原生林の森を歩くから。まずは、夏でも冷気で涼しい「風穴」までの往復を目標にしよう。脚力に自信があれば、その上の黒岳（高塚山、天狗岩など5ピークの総称）を目指しては？ミヤマキリシマの時季は、この登山口から平治岳に登る人がどっと増えるが、まだまだマイナーなルート。久住山など中核部に慣れ、くじゅうの魅力を深く知りたい人に挑戦してみてほしい。

水底からこんこんと水が湧き出す男池湧水群。驚くばかりの透明度だ

が、ここは迷いそうな箇所にロープが張られ、登山道がよく整備されている印象だ。

「かくし水」と表示のある小さな水たまりで一服。竹筒を伝って流れる岩間のおいしい湧き水が、渇いた喉を潤す。

徐々に標高を上げ、一旦下り切った場所に「ソババッケ」と呼ばれる窪地が現れる。広さは体育館ほど。２０２０年夏の豪雨で流入した土砂が、深さ１メートル近く堆積している。視線を上げると、大船山と平治岳の姿が映る。ルートの分岐点で標識も立つ。右（南西）に進めば平治岳に行ける。

黒岳は左（南南東）で、黒岳と大船山に挟まれたセリグチ谷へ。岩がゴロゴロした道を上がる。踏み跡がはっきりしない箇所では、靴で苔の剥がれた岩とピンクテープを頼る。

風穴に到着。岩と岩の隙間が地下に向かいすっぽり開いている。穴の幅はひと2人分ほど。下から上がる冷気に手を当てると、初夏でも指先が冷たくなる。

看板説明によると、明治後期、くじゅうの麓に住む養蚕業の男性が11年かけて探し当てた天然の氷穴だそうだ。風穴内に蚕の卵を入れ、低温下で飼育していた。開口部から垂れたロープを使い中に降りられるが、おすすめできない。原生林の癒やし効果か、風穴往復でも満足感が高い。

山頂に立ちたい人は、風穴の北東に壁のように立つ急斜面に取り付かねばならない。斜度はざっと35度。足場の悪い土の斜面に大小の石が埋まり、迂闊《うかつ》に踏むと落石を起こす。先行者による落石の危険もあり、急登がきつくても注意を切らさないこと。

1・オヒョウ（ニレ科）の木の根が岩をつかみ、幹を真っすぐ伸ばす／2・天狗分れから見える黒岳の天狗岩。積み上がっている大岩の上に山頂標識がある／3・風穴から黒岳ピークを目指し、足場の悪い急登に食らいつく／4・天狗岩から望む大船山の雄姿

標高差約270メートルを上がり、「天狗分《わか》れ」の分岐標識の前で息をつく。左は黒岳最高峰・高塚山（1587メートル）。大船山の東面の雄姿に見惚れよう。平治岳の奥には三俣山がのぞく。天狗分れを突っ切り南東へ進むと天狗岩（1556メートル）。大岩が積み重なったピークなので、足場探しは丁寧に。眺望はよい。

平治岳を目指すには

平治岳へは、ソババッケから展望なしの樹林帯を1時間上り、草原状の峠、大戸越《うとんごし》で一休み。平治岳に向かって右側の道が上り専用（左は下り専用）となっている。急登を上り切ったら、双耳峰の片側・南峰を越え、10分ほどで本峰に達する。くじゅう屈指のミヤマキリシマ大群生地。開花時季は、吉部登山口からの登山客も合わさって大混雑となる。

Route **10**

男池登山口〜風穴〜黒岳

男池登山口

男池園地とも。大分自動車道・九重ICから、県道40号を経て県道621号に入り、信号と「男池」表示の案内標識がある三差路を左折すると「ぐるっとくじゅう周遊道路」。道なりに15分走る。男池園地の無料駐車場は150台以上。トイレは駐車場の道路向かい。下山後、靴の泥落としもできる洗い場あり。登山口の管理事務所で清掃協力金（100円）を納めよう。

白水鉱泉登山口

健脚登山者の中には、男池登山口より東の「白水鉱泉登山口」から、黒岳へ直接アタックし前岳—高塚山—天狗岩を登る人もいる。行動時間だけで往復8時間の超ハードルート。登山口は、男池園地から、ぐるっとくじゅう周遊道路（県道621号）を由布市庄内町方面に5分ほど。「白泉荘」の案内が出たら右折し、天然炭酸泉の水くみ料金所で登山目的と伝えると、無料で駐車できる。白泉荘の先にある「黒嶽荘」（写真）敷地内でも声かけすれば駐車できる（無料）。どちら側から入山しても、登山道は「白水分れ」で合流。

Map P.76

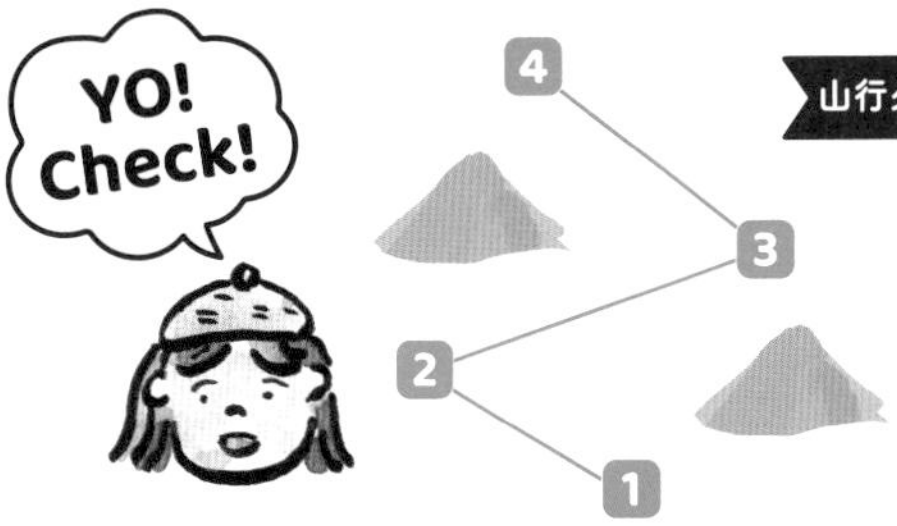

山行タイム

▽黒岳：男池登山口〜 25 〜かくし水〜 30 〜ソババッケ〜 45 〜奥ゼリ〜 35 〜風穴〜 60 〜天狗分れ〜 20 〜高塚山〜 15 〜天狗分れ〜 20 〜天狗岩〜 15 〜天狗分れ〜 40 〜風穴〜 30 〜奥ゼリ〜 35 〜ソババッケ〜 25 〜かくし水〜 20 〜男池登山口（合計6時間55分）

▽平治岳：（男池登山口〜ソババッケ間は黒岳と同じ）：ソババッケ〜 60 〜大戸越〜 35 〜平治岳〜 20 〜大戸越〜 45 〜ソババッケ（合計4時間20分）

男池橋

1 原生林の森という非日常の世界への入り口。新緑や紅葉の時季は観光客も多い

かくし水

2 小休止するのに丁度よいスポット。ここの水は地上を流れず地下に浸透するから「隠し水」

ソババッケ

3 池の水を抜いたような盆地状の湿地。名前は蕎麦畑に由来するとも

風穴

4 パックリ開いた岩の隙間に近づくと、夏でも冷やっとするほどの冷気が当たる

Route 11

滝を見て、森を歩く

吉部登山口〜暮雨の滝〜立中山

歌にも詠まれた滝の水音

吉部登山口から杉林の中へ入ってほどなく、杉の根が張り巡らされた黒土の急坂に差しかかる。根の上で靴が滑るので注意したい。標高差は約１００メートル。体のスイッチが入る前の急斜面はきつい。ペースを落としてゆっくり上がろう。

緩斜面に入ると、イタヤカエデやミズナラなどの落葉広葉樹が生い茂る、静かな山道になる。しばし歩くと、瀬音が道の左手から聞こえてくる。坊がつるを経て流れる鳴子川は筑後川の源流の一つ。坊がつるは有明海とつながっていると知る。

木に掛かる「暮雨の滝」案内板に従い、登山道を一旦離れ約50メートル下りる。急斜面で足場も悪い。不安定な箇所には固定ロープもある。川のほとりに着くと、幅15メートル、落差7メートルの滝が現れた。

鳴子川の水流が滝口から白い

静かで落ち着いたくじゅうを歩くルートを紹介したい。取り付きは長者原（九重）登山口の東側にある吉部登山口。広葉樹の森を抜ける山道の途中で、落差は小さくとも大きな水音を響かせる「暮雨《くらぞめ》の滝」が現れる。法華院温泉山荘で一休みしたら、片道1時間余りで登れる手頃な立中山《たっちゅうさん》までピストンするのもいい。過去にダム構想や土石流被害を越えてきたルートをたどることで、自然と人の関わりに思いを馳せる山旅にもなる。

夏、秋、冬とそれぞれの季節で表情を変える暮雨の滝

立中山から見下ろす坊がつる

弧を描き、しぶきとなって滝壺へ。夏場はその眺めだけで暑さが和らぐ。一帯は、「ざぁー」という滝の高音に覆われる。

この滝音は、1952年に誕生した「坊がつる賛歌」の5番で歌われている。

深山紅葉に初時雨《しぐれ》
暮雨滝の水音《みなおと》を
佇み聞くは山男
もののあわれを知る頃ぞ

紅葉期は滝の奥の樹木が黄、オレンジ、赤に染まる。水面は、色とりどりの落ち葉で揺れる。見応えのある極彩美。これを目当てにこの滝を訪れる山好きは珍しくない。

厳冬期は氷瀑スポットとして知られる。もっともここ数年は冷え込みが弱く、滝の落ち口の横につららが下がる程度のことも少なくないという。

くじゅうの水を巡る歴史を一つ。戦前、くじゅう・坊がつる一帯をダムにする構想が浮上した。それを知った筑紫山岳会

1・起伏のない広葉樹の森は歩くだけで気持ちがいい。もうすぐ大船林道出合い／2・山行序盤の急登は、意外に長い。黒土、木の根とも滑りやすく、雨の後は避けたい／3・暮雨の滝への下りは急斜面で足場が悪い。ゆっくり下りよう／4・立中山の下り。正面は白口岳

（しんつくし山岳会の前身）は31年、九州各地の山岳会に働きかけ九州山岳連盟を結成し、反対の陳情書を政府に送った。「阿蘇国立公園（後に「阿蘇くじゅう国立公園」に改称）」の指定は34年だから、ダム建設を巡る攻防は、際どいタイミングで決したのではないか。もしダムができていたら、坊がつるも暮雨の滝もなかったに違いない。

　暮雨の滝から登山道に戻って、起伏がほとんどない森を行く。サワグルミ、ミズメ、ハリギリといった希少な落葉高木も育つ。

　大船林道と出合い、坊がつるを過ぎ、法華院温泉山荘に到着。一服したら鉾立峠へ向かおう。

　法華院―鉾立峠間は、2020年7月の記録的豪雨で大規模土石流の被害に遭い、登山道はほぼ壊滅状態になった。法華院は登山道修復に大勢のボランティアや登山ガイドの力を借り、木道付け替えや石の除去などを行い、安心して通れるようにした。ボランティアに参加した女性から聞いたことがある。「豪雨で山が壊れるのは自然の新陳代謝。また壊れたら大好きなくじゅうのために直しに来る。それが私の山との付き合い方」と。

　鉾立峠―立中山の往復は1時間あれば十分。帰路は大船林道出合いから林道を歩き、途中からショートカットする。この林道の紅葉もファンが多い。

Route 11

吉部登山口〜暮雨の滝〜立中山

吉部登山口

大分自動車道の九重ICから、県道40号、国道210号、県道40号を経て県道621号に入る。途中、交差点に出てくる「吉部」「暮雨茶屋」の道標や看板に従おう。登山口手前に有料駐車場が2カ所（300台／180台）。それぞれに簡易トイレもある。駐車場から南へ5分ほど歩くと右手に、登山届箱が設置された登山口がある。

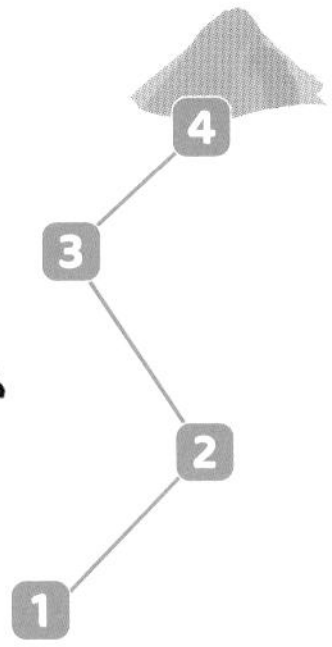

山行タイム **吉部登山口〜45〜暮雨の滝分岐〜25〜大船林道出合い〜20〜雨ケ池分岐〜10〜法華院温泉山荘〜30〜鉾立峠〜30〜立中山〜20〜鉾立峠〜25〜法華院温泉山荘〜10〜雨ケ池分岐〜20〜大船林道出合い〜25〜大船林道からの取り付き〜35〜吉部登山口（合計4時間55分）**

Map P.77

吉部駐車場

1 吉部登山口まで5分ほどのところに駐車場がある

鉾立峠

3 峠のシンボルはヒノキ製の塔。「梓峠（ほこんとう）」と書かれ、先端に「五輪の塔」があしらわれている

暮雨の滝分岐

2 暮雨の滝分岐。見に行くため、登山道から一旦外れて下る必要がある

立中山

4 大船、三俣、白口岳などに囲まれた立中山。山名は「塔頭」の当て字だと言われている

Route 10
登山口の
位置情報
牧場
Route 10
START
GOAL
男池登山口
男池
かくし水
25
20
30
白水鉱泉登山口
白水鉱
120
1334.1m
前岳
前岳
白水分れ
100
120
黒岳
1643.0m
平治岳
平治岳《ひいじ》
ソババッケ
25
60
45
セリグチ谷
南峰
45
35
20
大戸越
35
1587m
高塚山
高塚山
100
15
20
20
15
40
1556m
天狗岩
天狗分れ
くじゅう連山
奥ゼリ
35
30
60
上峠
1706m
北大船山
風穴
風穴
竹田市
1786.3m
大船山
大船山のミヤマキリシマ群落
大船山
Route 12
岡藩主中川家墓所
今水駐車場
池窪登山口
N
0m
500m
1cm=250m

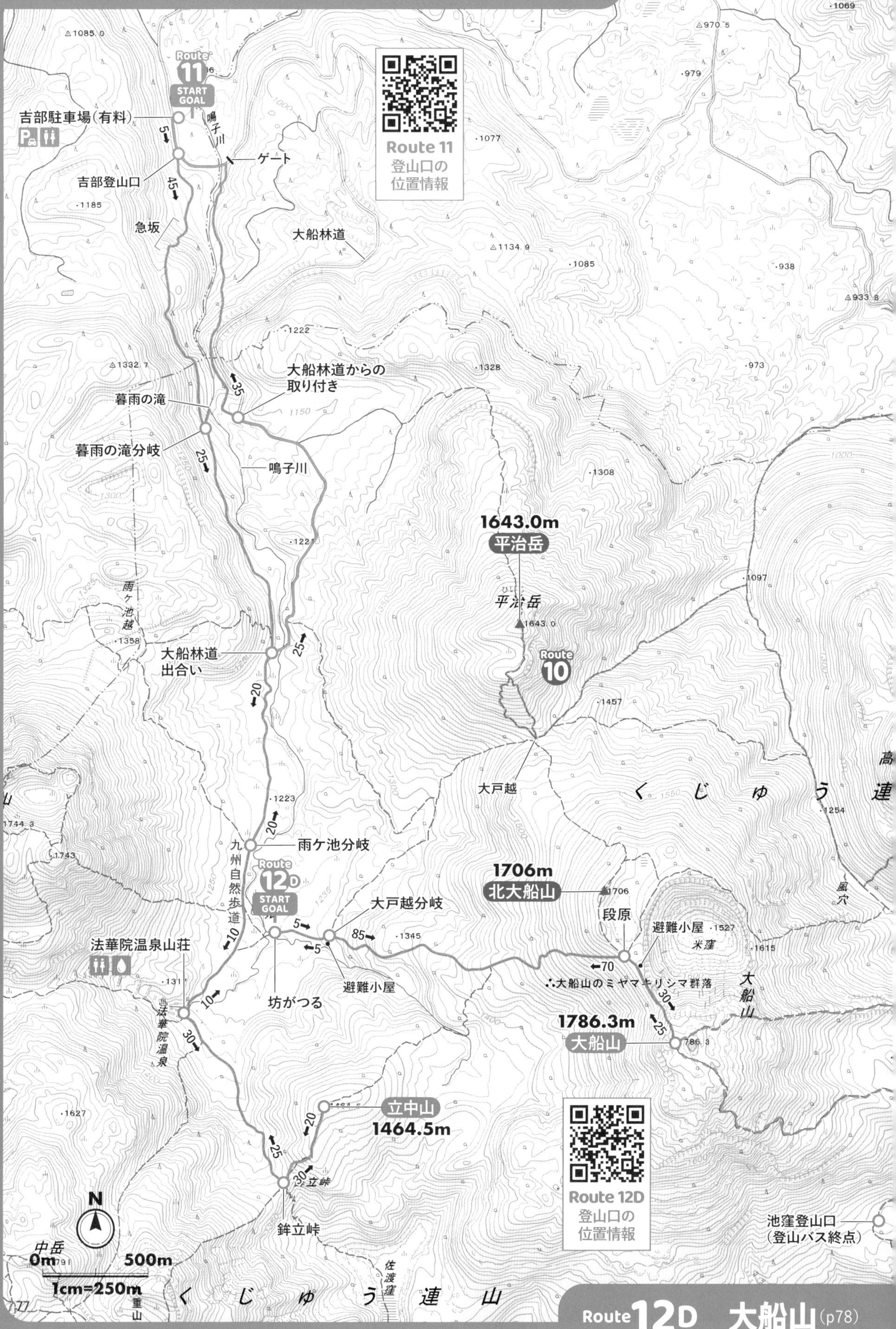

Route 11 START GOAL
吉部駐車場（有料）
鳴子川
ゲート
吉部登山口
急坂
大船林道
Route 11
登山口の
位置情報
大船林道からの
取り付き
暮雨の滝
暮雨の滝分岐
鳴子川
1643.0m
平治岳
ひいじ
平治岳
Route 10
雨ケ池越
大船林道
出合い
大戸越
くじゅう連山
雨ケ池分岐
九州自然歩道
Route 12D START GOAL
大戸越分岐
1706m
北大船山
段原
避難小屋
米窪
法華院温泉山荘
避難小屋
坊がつる
大船山のミヤマキリシマ群落
大船山
1786.3m
大船山
法華院温泉
立中山
1464.5m
Route 12D
登山口の
位置情報
鉾立峠
池窪登山口
（登山バス終点）
中岳
0m
500m
1cm=250m
佐渡窪
くじゅう連山
風穴

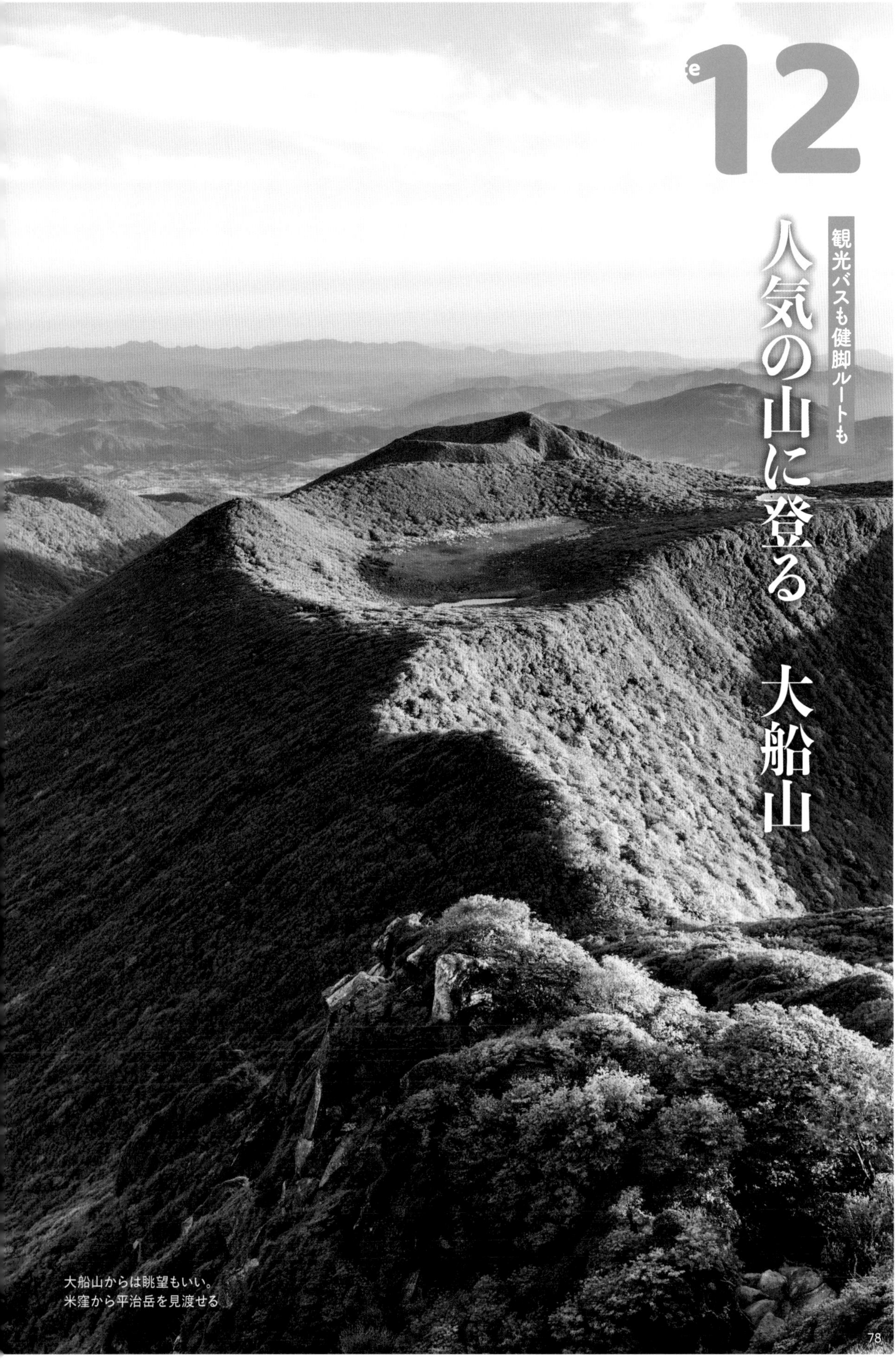

12

観光バスも健脚ルートも

人気の山に登る　大船山

大船山からは眺望もいい。
米窪から平治岳を見渡せる

くじゅう連山の「東の雄」とも言われ、その山容は江戸時代の地誌「豊後国志」に「形覆船の如し」と記された大船山。登山ルートはいくつもあり、長者原登山口から泊まりがけで訪れる人も少なくない。とはいえ、1泊する時間はないし、体力に自信がないという人もいるはず。そんなときは、山名の由来にあやかって船を使って…ではなく、観光バスに乗るのがおすすめだ。山頂まで約2時間でたどり着ける。一方で、車に頼らず自力で踏破したいという健脚派には、近くの登山口からのルートを併せて紹介したい。

ジャンボタクシーを使った
観光バスから望む山々

バスを使えば お手軽に

体力に
自信ないけど
大丈夫？

くじゅうの山々で、バスを使ったルートが設定されているのは大船山だけ。路線は山の南側、大分県竹田市久住町のパルクラブという福祉事業所と、バス専用道を通った先にある池窪登山口を結ぶ。予約制の定員16人のジャンボタクシーが5月下旬〜11月中旬（7、8月を除く）の毎日、往路と復路3便ずつ運行されている。

発車から約20分で池窪に着き、ここからは整備された木道を進む。30分足らずで空が開け、高原に突き出した飛び込み台のようなピークが現れた。息も切れないうちに、この展望を拝めるだけでもバスに乗る価値はある。

この先で岳麓寺登山口から延びる山道と交わる。ちなみに岳麓寺から歩けば、ここまで2時間弱かかる。合流後、進路を左に取ると「入山公廟」が見えてくる。地元岡藩の3代藩主中川久清の墓所だ。

もとむへき　隠れかもなしおのつから　山よりおくの山を心に（九重山法華院物語より）

久清は自らを「入山」と名乗り、こんな歌を詠むほど大船山を愛した。遺言によってこの地に葬られたという。

近くの展望所からは祖母山や阿蘇五岳の眺めが素晴らしい。藩主の気持ちになって見渡せば、絶景が胸の内に染み入ってくる。

お墓の裏を回るようにして登山道に戻り、「鳥居窪」へ。その名の通り、かつて鳥居があった場所で、ここから山頂へはいわば参道だ。傾斜は徐々に急になる。初夏のミヤマキリシマ、秋の紅葉を楽しみながらひと踏

観光バスを
使えば楽ちん。
気軽に、身軽に
楽しもう！

ん張り。山頂は広くはないが、2時間ほどの登山とは思えない爽快感が味わえる。帰りのバスに遅れないようにくれぐれも注意しよう。

体力自慢は今水登山口

バスを使ったお手軽登山から一転、がっつり歩きたいという人には今水登山口からの周回コースもある。

登山口から約30分で分岐に差しかかる。直進すれば大船山の頂上へ続く東尾根、左へ進めば岳麓寺方面。もちろん真っすぐ進む。

東尾根に取り付くと、一気に約600メートルも標高を上げる急登が始まる。木の根をつかんではい上がったり、ロープを頼りに高度を上げたり。時折、木の間から見える黒岳が慰めてくれる。

いよいよ気持ちが折れそうになったとき、目の前に現れるのが御池《おいけ》だ。紅葉の季節なら、池の周りや水面を彩る赤と黄色のグラデーションに息をのむだろう。苦労が報われる瞬間だ。

山頂からは、前述のバスを利用した登山ルートを下っていく。入山公廟を過ぎ、岳麓寺を目指すと、やがて「柳ケ水分岐」に着く。ここを左へ進み、起点の今水登山口へ戻る。

バスを使うもよし、体力を使うもよし、1泊2日で時間を使うもよし。ちなみに一番メジャーな登り方は長者原(九重)登山口や吉部登山口から坊がつるを経由するルート。坊がつる避難小屋の先の三差路を右方向に入っていき、北大船山との分岐「段原」まで上がっていく。避難小屋を過ぎて25分ほど。最後の急登を登れば山頂だ。

1・登山道には観光バスの停留所を案内する標識があるので安心だ／2・入山公廟へと続く石段。厳かな雰囲気に包まれている／3・山の中腹にある入山公廟／4・池窪から大船山を望む。大船山は、名前の由来となった船が転覆したような山容ととんがった山頂が特徴

人気の山に登る　大船山

パルクラブ

登　山　口

Ⓐ 池窪（パルクラブ）…運賃は往復1人3000円。ネットで乗車予約が必要なので「たけ旅」で検索を。竹田市観光ツーリズム協会久住支部＝0974（76）1610。

Ⓑ 今水…アクセスはマイカーのみ。10台程度の駐車スペースが整備されている。登山ポストあり。トイレなし。

Ⓒ 岳麓寺…約40台分の駐車スペースがある。登山ポストあり。トイレなし。

Ⓓ 長者原（九重）登山口、吉部登山口など…坊がつる経由で上るルートが定番。

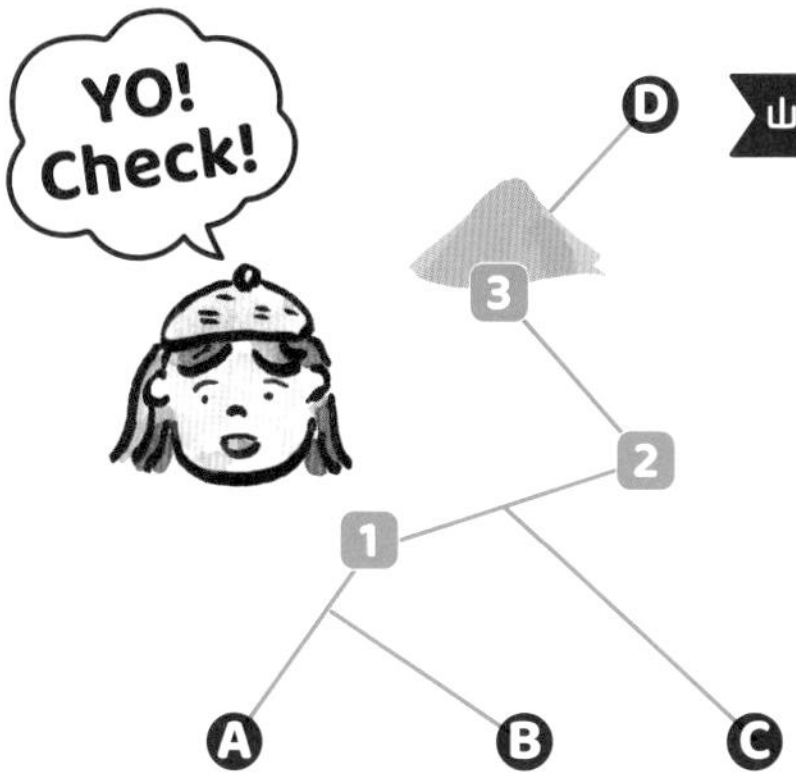

山行タイム

Ⓐ パルクラブ～ 20 ～池窪登山口～ 40 ～入山公廟～ 80 ～大船山～ 60 ～入山公廟～ 30 ～池窪登山口～ 20 ～パルクラブ（合計4時間10分）

Ⓑ 今水登山口～ 30 ～風穴・入山公廟分岐～ 20 ～前セリ～ 120 ～大船山～ 60 ～入山公廟～ 40 ～柳ヶ水分岐～ 25 ～風穴・入山公廟分岐～ 20 ～今水登山口（合計5時間15分）

Ⓒ 岳麓寺登山口～ 75 ～柳ケ水分岐～ 45 ～入山公廟～ 80 ～大船山 ～ 60 ～入山公廟～ 40 ～柳ケ水分岐～ 55 ～岳麓寺登山口（合計 5時間55分）

Ⓓ 坊がつる～ 5 ～大戸越分岐～ 85 ～段原～ 30 ～大船山～ 25 ～段原～ 70 ～大戸越分岐～ 5 ～坊がつる（合計3時間40分）

Ⓐ-Ⓒ Map P.82
Ⓓ Map P.77

パルクラブ ― 池窪登山口

1 展望台からは祖母山が見える

2 登山道は庭のように丁寧に整備されている

入山公廟

鳥居窪

大船山

3 大船山の山頂標柱。いろいろなルートがあるので何度でも登山を楽しめる

1587m
高塚山
高塚山
1587
くじゅう連山
1254
Route 10
1556m
天狗岩
1468
1706m
北大船山
1706
1457
1357
上峠
△1055.5
1056
風穴
竹田市
1527
米窪
1615
山のミヤマキリシマ群落
段原
大船山
前セリ
←120
風穴・入山公廟分岐
←20
20→
今水登山口
←30
5→
5→
851
東尾根
1177
黒岳方面の
展望あり
手書きの案内板
Route 12B
START
GOAL
786.3
60→
ロープあり
スリップ注意
1411
←80
岡藩主中川家墓所
今水駐車場
今水炭酸泉
大船山
1786.3m
鳥居窪
入山公廟
1134
40→
30→
25→
←45
←55
柳ケ水分岐
943
40→
池窪登山口
（登山バス終点）
20→
1207
△1176.3
1130
1094
944
Route 12C
START
GOAL
岳麓寺登山口
←75
1150
911
877
1050
＊登山バス区間
△1077.3
△881.0
板切
清水堤
749
672
872
812.3
久住町有氏
817
682
Route 12A
START
GOAL
←20
パルクラブ
（登山バス発着所）
△689.9
大石川
△811.6
691
642
N
0m 500m
1cm=250m
Route 12B
登山口の
位置情報
Route 12C
登山口の
位置情報
Route 12A
登山口の
位置情報

西側エリア＋チャレンジもの

西側エリアにある山の名前を聞いてもピンとこないかもしれない。
人気の山々は中央から東側に多いから。
でも、そんな東の山並みを一望したいなら「対岸」の西に行くのがベストだ。
眺めるだけじゃ物足りない人は1700メートル峰9座踏破を目指そう。
トレランや冬山登山などワンランク上のくじゅうにもぜひチャレンジを！

大草原が広がる一目山の東斜面。
山に樹林も岩もないと、心が解き放たれる感じがする

Route 13

大草原をハイキング

一目山～ミソコブシ山～涌蓋山～疥癬湯登山口

野焼きが保つ景観を満喫

起点は八丁原登山口。舗装路を少し歩き草原へと踏み出す。一帯の草丈が短く保たれているのは、毎年春に行う野焼きのおかげだ。

30分弱で登頂できる一目山からの眺望は、標高1300メートルを切っているのに素晴らしい。扇ケ鼻、久住、星生、三俣、大船などくじゅうの名峰たちが居並ぶ。その昔、豊後と肥後の国境の峠だった八丁原を行き交う人々を、一目で見られたからこの山名になったという。涌蓋山も望めたが、遥か先だ。のんびりしてはいられない。

一目山からは、大分、熊本の県境沿いを北へ快適に下る。初夏の草原歩きは黄緑色の世界。ベースになるササには、ミヤコザサやネザサが混在する。足元ではシライトソウが繊細な白い花を揺らし、食虫植物モウセンゴケがじっとたたずむ。草原でくじゅうの登山道には、まとまった草原エリアが三つある。一つはもちろん坊がつる。長者原からほど近い下泉水山の麓一帯にも広がる。だが、「大草原ハイキング」が楽しめるのは、くじゅう北西部の一目山《ひとめやま》―ミソコブシ山をおいてほかにない。ベストシーズンは、緑まぶしい6月下旬から7月下旬だろうか。草紅葉《もみじ》やススキの美しい10月中下旬もオススメできる。せっかくなら、秀麗な山容で知られ、眺望も素晴らしい涌蓋山《わいたさん》まで縦走してみよう。

可憐な姿を見せるシライトソウ

育つ植物名を幾つか覚え観察眼を養えば、草原歩きは明るく開放的という以上にもっと楽しくなるだろう。

一目山を下りきったところで出てくるチェーンゲートは、そのまま越えて進む。ミソコブシ山の取り付きまでの登山道で、ドウダンツツジが両脇から生い茂る場所を通る。説明看板によると、山を訪れる人たちの目を楽しませようと、5年間で１７５０本植栽したという。秋にドウダンツツジで真っ赤に染まる登山道を歩いてみたい。

ミソコブシ山の南斜面は、そこそこ傾斜のある草原。よく見ると、横縞の線が無数に走っている。「牛道」の跡だ。10年ほど前まで一帯は放牧地で、大分側は黒牛、熊本側では赤牛の姿が見られた。山の模様に草原の歴史が刻み込まれている。

ところで、ミソコブシ山とは珍妙な名前だ。山容が「味噌こし」を伏せた形に似ているからついたらしい。一目山側から山容を見てもピンとこなかった

が、ミソコブシを下り北側から振り返ると納得した。

曲線が魅力の涌蓋山

　次は、曲線的な山姿が魅力の涌蓋山へ向かう。ゲートを通過し5分歩くと涌蓋越。涌蓋山と小国方面を分ける標識が立つ。この先、急登にあえぎながら20分余り登ると、ケルンが積まれた女《め》岳に着く。涌蓋山の肩に相当する。一旦下ってやせ尾根を慎重に通過し、最後の登りを上がり切ったら到着だ。

　山頂は細長い草尾根になっている。標高が一目山より200メートル高い分、くじゅうの中核部を俯瞰《ふかん》する感じ。阿蘇、祖母山、英彦山、由布岳などもぐるりと見渡せ、雄大な展望に浸れる。山頂の南北に石祠が1基ずつある。

　涌蓋山は小国側の峐《はげ》の湯からも、往復4時間半で登れる。峐の湯から車で林道を上がると、「涌蓋山登山道入口」駐車場に10台ほど置ける。仲間同士でパーティを分け、八丁原と峐の湯から登り、打ち合わせ済みのピークで車のキーを交換し下山する交差縦走も面白い。

　帰路は疥癬《ひぜん》湯へ。途中、登山道と林道が複線化している箇所もあるが、トレースと目印テープを見ていけば迷わない。八丁原までは県道を40分歩く。

1・一目山から涌蓋山（右奥）を眺める。その左手前のピークが女岳。女岳の下側のピークがミソコブシ山／2・疥癬湯登山口には無料の足湯がある。疲れた足をほぐすと気持ちがいい／3・味のあるミソコブシ山の山頂標識。右奥にぼんやり見えるのは由布岳／4・一目山から北の下り。斜面を駆け出したら止まれなくなり、草むらで転んでやっと止まる子どももいるとか

山行タイム

八丁原登山口〜25〜一目山〜70〜ミソコブシ山〜20〜涌蓋越〜40〜女岳〜20〜涌蓋山〜15〜女岳〜25〜涌蓋越〜55〜疥癬湯登山口〜40〜八丁原登山口（合計5時間10分）

Route 13 一目山～ミソコブシ山～涌蓋山～疥癬湯登山口

中岳
1010
945.4
地蔵原
906
1022
涌蓋山
登山道登山口
10
40
30
下の登山口
1060mの案内板
907
10
西尾根登山口
80
60
涌蓋《わいた》山
1499.6m
涌蓋山
1499.6
15
20
やせ尾根
通行注意
女岳
25
986
N
0m
500m
1cm=250m
つらい上り
涌蓋越
40
ゲート
55
1265
1143
1232
石ノ塔
1184
1138.3
20
1299.6
1173
ミソコブシ山
1299.6m
疥癬湯《ひぜんゆ》
40
疥癬湯登山口
1077
1090
1259
ベンチあり
1105
筋湯
1204
1123
チェーンゲート
START
GOAL
八丁原
一目山
10
25
1287.4
八丁原登山口
一目山
1287.4m
1043.1
1151
1240
九重森林公園スキー場
YO! Check!

疥癬湯登山口

大分自動車道の九重ICから、県道40号、国道210号、県道40号を走り、長者原・筋湯温泉と湯本温泉方面に分かれる案内板付き三差路を直進。ひぜん湯バス停を過ぎ、右斜め手前に下りていく道へ入る。下りきって右手の民家敷地に4台、奥の橋を渡った広場に20台ほど駐車可能。いずれも有料（300円）で、民家の方に払う

分岐　涌蓋山から疥癬湯への下りで間違いやすい。ここは左を行く。右に進めばミソコブシ山

八丁原登山口

疥癬湯登山口に向かう時に通る三差路を右へ。そのまま県道40号を進む（ぐるっとくじゅう周遊道路）。筋湯温泉や九電八丁原発電所を過ぎて、左手の路肩に細長い駐車スペースがある。30台は止められる。登山口は県道を渡って西側にあるゲート。

Route 13
登山口の
位置情報

Route 14

写真撮影にうってつけのルート

猟師岳〜合頭山

くじゅう連山に猟師岳なんてあったっけ？　合頭山ってどこ？　そう首をかしげる人もいるかもしれない。耳なじみのない山かもしれないが、二つの山を結ぶルートは距離は短いのに見どころは多い。だからじっくり時間をかけて写真を撮りたい人にはうってつけ。カメラを携えて、登山口のある九重森林公園スキー場へGO！

距離は短く見どころ多く

スキー場らしく登山口からは第1リフトに沿ってゲレンデを歩いていく。すでに右前方に猟師岳が見えている。第3リフト乗り場のそばから樹林へ入る。ここから先は5〜6月、山の貴婦人と呼ばれるオオヤマレンゲが咲く。この花の存在が知られるようになってから注目を集め始めたルートでもある。

背中側にあるスキー場や涌蓋山を振り返りながら進むと、ずっと遠くに雲仙のシルエット、阿蘇五岳も見えてくる。もう猟師岳はすぐそこだ。ミヤマキリシマの時季は、この辺りで満開の花に出合えるかもしれない。

猟師岳から合頭山にかけては、右手にくじゅう中核の山々を見ながら歩ける心地よい山道だ。スキー場分岐を過ぎ、1383メートルピークへ。東に牧ノ戸峠が小さく見え、その奥に大きな山体の三俣山がどっかと座している。

このピークは合頭山頂への分岐でもある。直角に左に折れて約10分、頂からは黒岩山、涌蓋山、一目山と胸のすく大展望が広がる。ここまで写真を撮るために何度も足を止め、のんびり歩いても約3時間でたどり着ける。

帰りはスキー場分岐から右に取り、尾根を下る。スキー場の管理道を通り、ゲレンデに出る。スキー客で混み合う時季は事故に遭わないように注意が必要だ。

名峰連なるくじゅうで、地味だと思われがちな2山だが、登山道は季節の花々が彩り、山頂からの眺望も素晴らしい。秋には〝全山紅葉〟も堪能できる。ゆっくり歩き、レンズを通して山の色彩と向き合うのもこのルートの楽しみ方だろう。

猟師岳と合頭山を結ぶ稜線からの眺望。正面に見えるのは大船山

九重森林公園スキー場登山口

九重森林公園スキー場
レンタル受付

大分自動車道の九重ICから45分。無料の広い駐車場が整備され、トイレと水道がある。

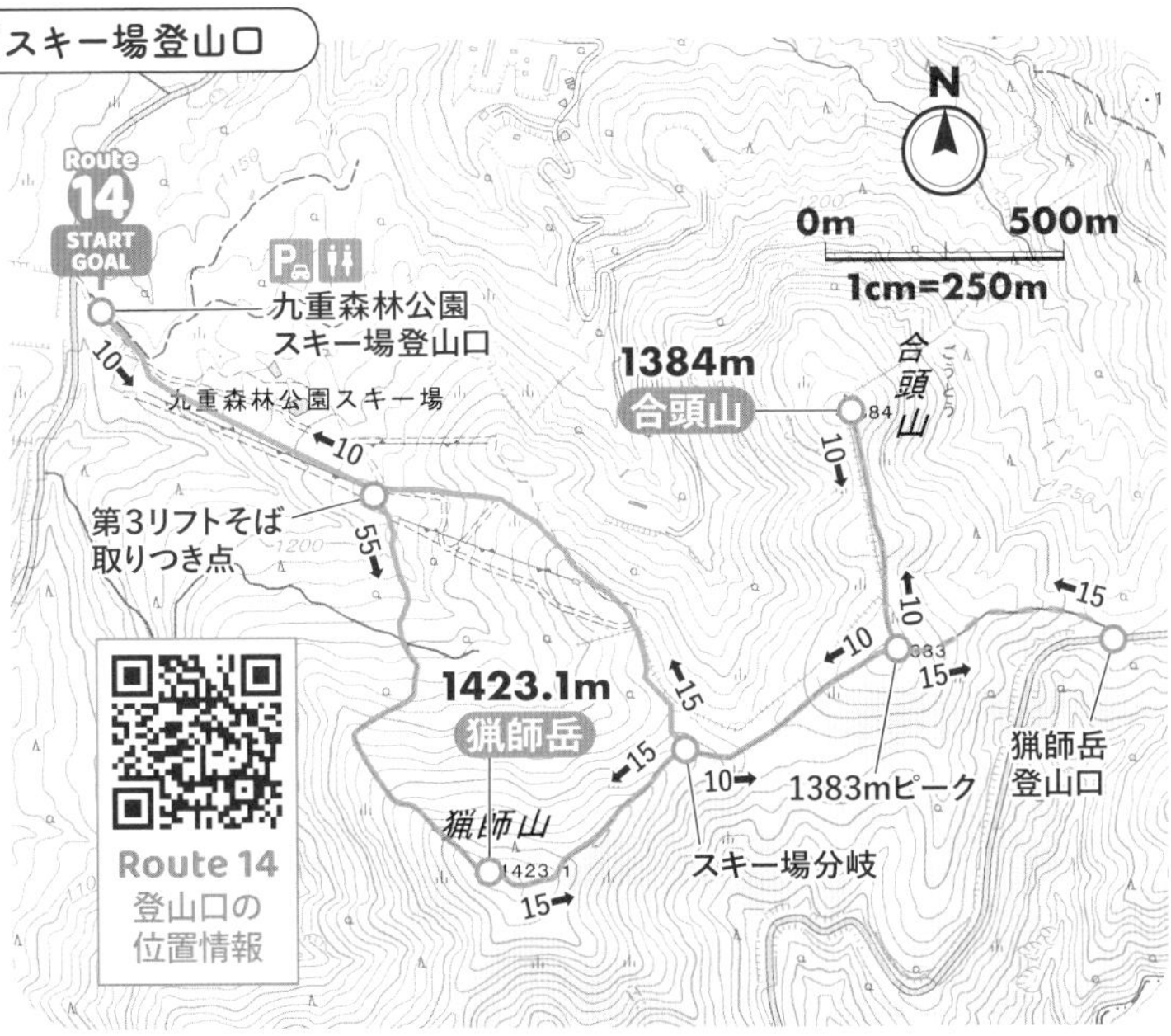
N
0m 500m
1cm=250m
Route 14 START GOAL
九重森林公園
スキー場登山口
九重森林公園スキー場
1384m
合頭山
1423.1m
猟師岳
猟師山
第3リフトそば
取りつき点
スキー場分岐
1383mピーク
猟師岳
登山口
Route 14
登山口の
位置情報

猟師岳登山口

大分自動車道の九重ICから45分。牧ノ戸峠から近く、合頭山を目指すならここが最寄り。駐車できる。

YO! Check!

山行タイム

▽九重森林公園スキー場登山口〜 10 〜第3リフトそば取りつき点〜 55 〜猟師岳〜 15 〜スキー場分岐〜 10 〜 1383 mピーク〜 10 〜合頭山〜 10 〜 1383mピーク〜 10 〜スキー場分岐〜 15 〜第3リフトそば取りつき点〜 10 〜九重森林公園スキー場登山口（合計3時間25分）

▽猟師岳登山口〜 15 〜 1383mピーク〜 10 〜合頭山〜 10 〜 1383mピーク〜 10 〜スキー場分岐〜 15 〜猟師岳〜 40 〜猟師岳登山口（合計1時間40分）

九重森林公園スキー場登山口

広い駐車場があって便利。くじゅうで唯一、ゲレンデ沿いを歩く登山が楽しめる

猟師岳

猟師山
1423m

猟師岳の山頂。ノリウツギが茂る時季は眺望がいまひとつなのであしからず

合頭山の山頂。展望が開け、特に涌蓋山方面の眺めがいい

合頭山

スキー場分岐

復路はここから右に進んで樹林を下る。道は歩きやすい

登山者が増える
5〜6月の
オオヤマレンゲの
時季はもちろん、
秋もいいよ！
山行に
おすすめの
季節は？

くじゅう山系の30近い山のうち、標高1700メートル以上の9座の山頂全てを踏む山行を、「くじゅう17（いちなな）サミッツ」と呼ぶ。「のぼろ」創刊号で勝手にそう名付けたのだが、意外に定着しているようだ。「17サミッター」の称号を得ようと健脚自慢たちがチャレンジする。1日で巡る「1DAY」もあるが、今回は無理をしない「2DAYS」ルートを紹介したい。

Route 15

1700メートル峰が9座 目指せ、17サミッツ踏破

三俣山《みまたやま》
1744.3m
涌蓋山《わいたさん》
1499.6m
雨ケ池《あまがいけ》
1358m
北大船山《きたたいせんざん》
1706m
平治岳《ひいじだけ》
1643.0m
崩平山《くえのひらやま》
1288m
大船山《たいせんざん》
1786.3m

達成感と景観美

17サミッツの魅力は何だろう。くじゅうの日帰り登山なら普通は2、3座、頑張れば5座は楽しめる。それをまとめて9座とはちょっと欲張りすぎ？

登山の楽しみ方は人それぞれだが、自分の体力ギリギリの高い山や険しいルートに挑み、登頂する達成感は大きい。加えて、「1700メートル峰×9座」という非日常感も魅力の一つだ。

最終9座目の山頂標識に触れた瞬間、半端ない喜びがこみ上げて泣いてしまう人もいる。フルマラソンの初完走に近い感じかもしれない。

未明や早朝から日が傾くまで、くじゅうの山景色を味わえる楽しみもある。山頂からの眺望は、時間の推移と場所の変化が組み合わさって一つの芸術のよう。17サミッツならではのお土産かもしれない。

くじゅうネイチャーガイドク

中岳《なかだけ》
1791m
稲星山《いなぼしやま》
1774m
天狗ケ城《てんぐがじょう》
1780m
久住山《くじゅうさん》
1786.5m
白口岳《しらくちだけ》
1720m
星生山《ほっしょうざん》
1762m
阿蘇五岳《あそごがく》
鳴子山《なるこやま》
1643m
スガモリ越
1540m
立中山《たっちゅうさん》
1464.5m

ラブでも17サミッツの山行イベント企画を行っている。担当ガイドの安武秀年さんは「ミヤマキリシマや紅葉の見頃だと、おいしい所を一度にたくさん観賞できて満足感、お得感が大きい」と話す。

北アルプスなど遠征計画のトレーニングとして使う人もいる。例えば、乗鞍岳の最高峰、剣ケ峰（3025・7メートル）を挟み、朝日岳と摩利支天岳を縦走するコースがある。これと17サミッツの累積標高（上り）は、ほぼ同じ。

17サミッツの総距離はざっと25キロある。できるだけ疲れない歩き方、行動時間の管理、そしてどんなに苦しくても折れない心も求められる。

成功には、周到なプラン練りも重要となる。安武さんに、効率的に歩ける二つのおすすめプランを教えてもらった。

総距離　約25km
行動タイム　計14時間
累積標高差　上り約2300m
下り約2600m
大船山、ついに目前
1日目終了
白口岳の下り
遥か遠くに大船山…
長者原
2日目ゴール
雨ケ池越
三俣山・本峰 9
三俣山・南峰
坊がつる
北大船山 8
段原
大船山 7
法華院
温泉山荘
2日目スタート
1日目ゴール
立中山
鉢窪
鉾立峠
大曲
牧ノ戸峠
1日目スタート
スガモリ越
星生山 1
久住分かれ
久住山 2
天狗ケ城 3
中岳 4
稲星山 5
白口岳 6

牧ノ戸峠発のルート例

出発が牧ノ戸峠だと定番ルートがある。最初は星生山。その後の5座の順は「久住山―天狗ケ城―中岳―稲星山―白口岳」がベストだ。

初日で一番手ごわいのは白口岳から鉾立峠への下り。２０２０年７月豪雨で白口岳の北西斜面は大きくえぐられた。崩壊した登山道の迂回道が付いているが、黒土は滑りやすい。慎重に通過したい。初日の行動時間は６時間15分とみっちり。累積標高（上り）は１１００メートルもある。温泉で疲れを取って早く寝よう。

２日目は大船山へ向かう。急登を耐えて段原まで上がれば、７座目の大船山までもう一息。北大船山まで行き段原に戻る。坊がつるへの下りは脚の負荷を減らすようゆっくりと。

法華院を経てスガモリ越から三俣山の本峰に到達すれば、９座制覇だ。スガモリ越に戻り、硫黄山道路で長者原へ。長者原から牧ノ戸峠へは、バスを使うとよい。

白口岳一七二〇M

久住山一七八六・五M

星生山一七六二M

《プチ情報》
苦汁登山

法華院温泉山荘が毎年9月9～10日に行う17サミッツを全て登る山行ツアー。参加者は9日の晩、苦汁（生ビール）が飲み放題に。

Route 15 目指せ、17サミッツ制覇

総距離　約27km
行動タイム　計15時間
累積標高差　上り約2500m
　　　　　　下り約2500m

雲海から顔を出す由布岳

坊がつるがきれい

三俣への上り

長者原
2日目ゴール
1日目スタート
雨ケ池越
三俣山・本峰 1
三俣山・南峰
坊がつる
北大船山 8
段原
大船山 9
法華院
温泉山荘
スガモリ越
大曲
牧ノ戸峠
北千里ケ浜
1日目ゴール
2日目スタート
立中山
鉢窪
星生山 2
天狗ケ城
鉾立峠
4
5 中岳
7 白口岳
久住分かれ
星生分岐
久住山 3
稲星山 6

星生山を目指して

バックは
中岳の西の御池

YO!
Check!

長者原発のルート例

まず、長者原から見える三俣山を、スガモリ越からのピストンで登る。北千里ケ浜—久住分かれから、星生山の急峻な岩稜帯を注意して越え山頂へ。南の星生分岐へ下りて久住山に回り込む。天狗ケ城から中岳、稲星山、白口岳と4座のピークを踏み、鉾立峠に下りたら一路、法華院へ。翌日は、残る北大船山と大船山を制して完遂。坊がつるに戻ったら、雨ケ池越を通って長者原まで九州自然歩道を歩こう＝上のマップロード。

もう一つの選択肢は、初日に三俣山から北大船山、大船山を登り法華院泊のコース。総距離15キロ、行動時間だけで8時間を要するハードな1日となる。2日目は、鉾立峠から白口岳への急登がきつい。稲星山、中岳、天狗ケ城、久住山とつなぎ、最後に星生山で締める。長者原までは遠いので牧ノ戸峠へ下山。バスで長者原に戻る。

熱中症に注意

水分と塩分をしっかり取ろう。暑い時期なら、水分は1日2リットルでは不足。最低3リットルは用意を。

エネルギー補給は小まめに

長い休憩時間で弁当を食べるより、小分けにした行動食を適宜補給する方がよい。

読図ができるように

三俣山の山頂周辺や中岳—稲星山—白口岳など樹林がないエリアは、霧に包まれると現在地や進行方向が分からなくなる。GPSだけを頼りにしないこと。

1DAYで周る場合の注意

時間短縮のため、鉾立峠から立中山を乗っ越して鉢窪に下る人が多い。その後、大船山4合目の登山道に出るまでの平らなアセビの森が要注意で、道迷いが発生する。大船山が見えても直進せず、右横に見て行くように。踏み跡とテープにも注意しながら。

長丁場の山行なので、体調不良や日没時間を考えたエスケープルートを用意しておくこと。続行が無理と思ったら、鉾立峠から法華院、久住分かれから牧ノ戸峠など撤退する決断も大事です。

安武秀年さん

Route 16

くじゅうの走り方

トレランをはじめたい！

「歩くだけではもったいない」――。九州のトレイルランナーの間で、くじゅうについてそう言われることが増えてきた。ほかの山に比べてルートが豊富で、平たん部が続くところが多いからだ。熊本のトレイルランニングチーム「とれっく」会長の天本徳浩さんに、くじゅうを走る魅力、トレランの装備やマナー、おすすめコースなどを聞いた。

星生崎を駆け下りるランナーたち

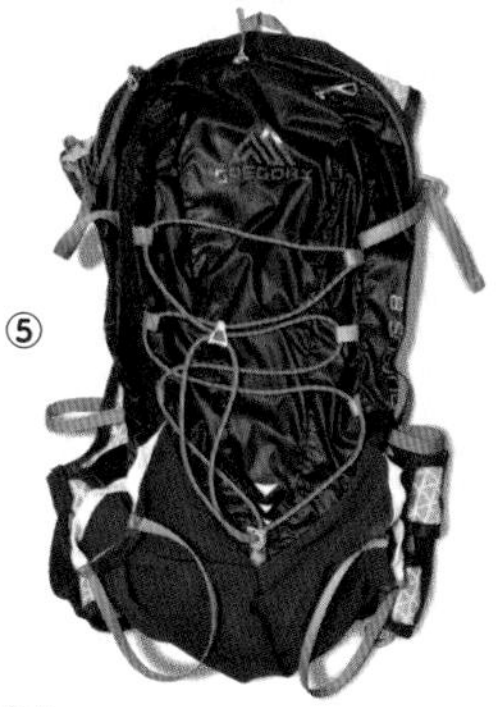

トレイルランニングの装備品

①レインウエア
②トレイルランニングシューズ
③ヘッドライト　④GPSウオッチ
⑤バックパック　⑥給水ボトル
⑦携帯用タオル　⑧ホイッスル
⑨エマージェンシーキット
⑩食料　⑪モバイルバッテリー
⑫エマージェンシーシート
⑬スマートフォン

トレイルランニングのマナー

- 上り優先
- ゴミは持ち帰る
- すれ違い、追い越し時は歩く
- 登山道から外れない
- 動植物を傷つけない
- ランナーにも登山者にもあいさつを

天本徳浩さん

日本有数のコースと太鼓判

国内の主要レースからヨーロッパアルプスの山岳地帯を走破する国際大会「ウルトラトレイル・デュ・モンブラン」まで170以上の大会に参加してきた天本さん。アップダウンが少なく、景色が良いので「くじゅうは九州だけでなく日本でも有数の走りやすいコース」と太鼓判を押す。穏やかな気候の下で、自然や風景を存分に楽しめる。そんなことから最近は女性ランナーも増えているそうだ。

トレランは登頂を目指すのではなく、自然の中を走るスピード感や、障害物がある道を駆け抜ける緊張感を楽しむ。「ルートが多いくじゅうはいろんな楽しみ方がある。下山が必要なトラブルがあっても登山口が多いので安心」と言う。

お気に入りのコースとして、①走っていると山がこちらに近づいてくるような迫力を味わえる「牧ノ戸峠登山口—久住山」▼②平たんな道が多く草原の中も走れる「八丁原登山口—涌蓋山」▼③紅葉がきれいな「長者原（九重）登山口—坊がつる—吉部登山口」を挙げる。

装備も重要だ。山で走っているランナーを見ていると「小さいリュックに何が入っているのだろう」と気になったことがある人も多いと思う。天本さんはリュックに入れておくべきものを教えてくれた。荷物の軽量化にこだわり、食料は最低限。「法華院温泉山荘のカレーを楽しみに走る人も多い」そうだ。

最後に「登山者への配慮を忘れてはいけない」とマナーの重要性も訴える。「上り優先」が基本。登山者やハイカーに恐怖感を与えないためにも、すれ違いや追い越しの際は「必ず歩いて」と強調する。

登山の装備を流用できるので、登山経験がある方は気軽に始めやすい。走った人にしか分からない爽快感をくじゅうで味わってみては？

Route 17

新たな魅力が見えてくる

氷の世界へようこそ

冬は光がいい

法華院温泉山荘で働いた経験がある登山ガイドの平野泰祐さんは「冬は光がいい」と言う。客室清掃を終えた午後、真っ白なくじゅうを散策するのが日課だった。

樹氷や雨氷がオブジェのように続く道を、野ウサギの足跡を追うように歩いていく。雪道は快晴の空を映して少し青みがかっている。日が傾き始めると青い道はオレンジ色に。やがて、この時季のこの時刻にしか見られない珍しい光景が目の前に現れる。夕日で山頂付近がハートにかたどられた平治岳だ。北千里ケ浜の谷間が山頂に影をつくる1月と2月だけに見られる知る人ぞ知る絶景という。

車のチェーンなど装備を入念にチェックしよう

「冬の山にわざわざ何を見に行くの？」「危険じゃない？」―。山の初心者にとって冬山はハードルが高く、ネガティブな印象を抱きがちだ。確かに装備は夏山のそれとは異なる。ただ、その準備の手間を差し引いても冬のくじゅうには出かける価値がある。雪に覆われ色や音が消えるからこそ、ほかの季節には見えなかった山の魅力が立ち上がってくるからだ。

北大船山の北側から見た冬の大船山。雪原と雲海の先の勇壮な姿が印象的だ

法華院温泉山荘の前でそり遊びをする宿泊客ら

造形美がいい

冷たい空気がもたらす造形美は樹氷だけではない。中岳の山頂直下にある火口湖「御池《みいけ》」は例年、分厚い氷に湖面が覆われる。冬のくじゅうを象徴する写真を撮ろうとカメラを持った登山者がどっと押し寄せる。

写真映えすると言えば、氷瀑もぜひ押さえてほしい。吉部登山口から雪道を約1時間歩いた先にある「暮雨の滝」は強い寒波の後、まるで自然が作り上げた彫刻のように凍る。

空気や水が凍り、それまで隠れていた自然の〝輪郭〟が姿を現すのが冬。ここが九州であることを忘れさせる瞬間が待っている。

樹氷・雨氷

大気中の水蒸気が白く凍った樹氷、雨が透明に固まった雨氷は登山口近くでも見られる。

　牧ノ戸峠登山口から沓掛山までのわずか30分の道のりで、まず出迎えてくれるのが樹氷のトンネルだ。白い枝の間から見上げると空の青さが一層際立って感じられる。

　中岳と天狗ケ城の鞍部にある道標には「えびのしっぽ」と呼ばれる樹氷がしばしば姿を現す。見た目はまさに名前通り。風上に向かってギザギザに氷が伸びていくため、形状から風の向きや強さが推測できる。

　涌蓋山へ続く尾根や頂上も樹氷が見られるスポットだ。温暖な九州では、樹氷・雨氷を観賞できる期間が限られるため、天気予報をこまめにチェックして好機を逃さないようにしたい。

凍る

天狗ケ城そばの火口湖「御池」は、強い寒気が流れ込むと水面が凍る。写真や動画を目にしたことがあるという人も少なくないだろう。寒波が襲来するたびに湖面の様子が気になって、カメラ片手に訪れる人もいるという。

　カメラではなく、そりをザックにくくりつけて山に登る人もちらほら。大人も童心に返って思いっきり遊びたい。そりから眺める周囲の山々はひと味もふた味も違うはずだ。

　ただ、御池はかつてのくじゅう山岳信仰の中心地。くれぐれも羽目を外したり、マナー違反をしたりしないように。もう一つ、氷が薄いととても危ないので、厚さが40センチ以上あるか、登山ガイドや現地の専門家に確認することを絶対に怠らないでほしい。

氷瀑

吉部登山口から法華院温泉山荘へ向かう途中にあるのが「暮雨の滝」だ。九酔渓などを流れる鳴子川の上流にあり、幅約15メートル、落差約7メートル。その幅の広さから「プチナイアガラの滝」と呼ばれることも。水量が豊かで完全に凍結するのはまれだが、その貴重な瞬間に立ち会おうと足しげく通うファンも多い。

四季折々の表情を見せてくれるこの滝は「坊がつる讃歌」にも歌われたほど。中でも冬の美しさは息をのむ。滝の周辺はコケがむし、その上に雪が積もる光景はまるで水墨画のようだ。滝が凍り、時間まで止まったような錯覚に陥る空間をぜひ体感してほしい。

氷瀑を堪能した後は、山荘の温泉に浸かって体の芯まで温まろう。

初めての雪山 ここに注意

雪山にチャレンジしたいけど何から始めたらいいか分からない。そんな人もいるはず。ここでは安全に楽しむための基本的な歩き方とギアを紹介したい。

歩行

- 雪の斜面を上るときは、雪につま先を蹴り込む「キックステップ」が基本。
- 雪が膝以上の深さの場合、膝で斜面の雪を固めてステップを作ろう。
- 斜面を下るときはかかとを真下に踏み下ろして足場を作りながら進む。
- 上りも下りも山側のエッジに体重を載せるイメージで。

ギア

- 雪が積もった登山道でバランスを取る「ピッケル」。つるはしに似た形状で、つえになったり、雪面に突き刺して滑落を防いだりと用途は広い。
- 登山靴に取り付ける爪「アイゼン」。簡易的なものから爪が10本以上あるものまであり、登る山によって選ぼう。

くじゅうの花を愛でる

くじゅうは、草原や湿原、森などルートが多彩。花の種類も豊富で、同じ季節でも2～3週間ほどで移り変わる。くじゅうを彩る代表的な花々を季節別に紹介したい。

コガネネコノメソウ

（ユキノシタ科）3月末～4月／④

おすすめスポットは、
①タデ原湿原
②坊がつる
③一般登山道沿い
④男池～かくし水の森
⑤雨ケ池と周辺ルート
だよ！

藏田　佳代さん
（写真提供）

春

冬枯れしたくじゅうをいち早く彩るのが「早春の花」マンサク。その黄色は遠目でも分かる。野焼き跡の黒い大地から一斉に萌え出る若草の中から、キスミレやハルリンドウが咲き出す。人気のサクラソウは4月中旬、天然記念物のコケモは6月から。

ツクシショウジョウバカマ

（シュロソウ科）3月末～4月／①③⑤
日陰や湿り気のある場所に咲く

マンサク

（マンサク科） 3月／①②③⑤
春一番に黄色いリボン状の花をつける。指山に群生地、坊がつるに大木あり

サクラソウ

（サクラソウ科） 4～5月／①
山麓や草地の湿り気の多い所に生育する

シロバナネコノメソウ

（ユキノシタ科） 3月末～4月／④
花は小さいが、雄しべの先の赤いヤクが目立つ

ハルトラノオ

（タデ科） 3月末～4月／④
ガクから長い雄しべが八つ出る

サバノオ

（キンポウゲ科） 4～5月／④
高さ10～20㎝。小さな花の奥をのぞき込むと飴細工のよう

キスミレ

（スミレ科） 4～5月／①③
野焼き後の日当たりの良い草原に咲く。黄色が鮮やか

ハルリンドウ

（リンドウ科） 4～5月／①②③⑤
日当たりの良い草原に咲く。花は日差しがあると開き、曇ると閉じる

オオヤマレンゲ

（モクレン科） 6月／⑤
香りは甘くさわやか。大戸越―北大船山の間や猟師岳の麓などでも咲く

コケモモ

（ツツジ科） 6月／③
白い花冠やガクは紅色を帯びる。夏から秋にかけて赤い実をつける

クサボケ

（バラ科） 4月末～5月／①③⑤
登山道脇の地面をはい、朱色の花が目を引く

夏

くじゅうに咲く花の種類は6～7月にかけて一気に増す。ノハナショウブやキスゲ、カキラン、ヒメユリといった、花弁の色が濃く自己主張の強そうな花が目につくのもこの頃。熱中症と日焼けへの対策をしっかり準備して臨もう。

カキラン

（ラン科）7月／①②
日当たりの良い湿地に生え、カキ色の花をつける

ノハナショウブ

（アヤメ科）6～7月／①②
赤紫色の花の中央に黄色い斑紋がある

オカトラノオ

（サクラソウ科）7月／①②
花序（花のついた茎）を虎の尾と見立てた名

ヒメユリ

（ユリ科）7月／①
朱赤色の花を上向きに咲かせる

サワギキョウ

（キキョウ科）7月／①②
高地の湿地に直立する形で群生する

キツネノカミソリ

（ヒガンバナ科）7～8月／④
早春に出た葉が枯れた後、花をつける

ママコナ

（ハマウツボ科）7月／③⑤
葉緑素を持つ半寄生植物

ハンカイソウ

（キク科）7月／①②
直立した姿を見せる。草丈は60～120cm

モウセンゴケ

（モウセンゴケ科）7～8月／①
日当たりの良い湿地に生育。虫が葉の粘着物質に触れると動けなくなる

モウセンゴケの花

（モウセンゴケ科）7～8月／①
小さな白くかわいらしい花。日差しのある時に開き、曇ると閉じる

シモツケソウ

（バラ科）7～8月／①③⑤
薄紅色の無数の小花が房状に集まる

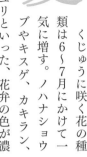

秋

お盆を過ぎても街の残暑は引かないが、くじゅうの風には涼感が混じり秋の様相を深めていく。ヒゴタイやリンドウなど青紫系のほか、シラヒゲソウやヤマラッキョウなど花の形状が繊細なものもあり、花好きにはたまらない季節だ。

ヒゴタイ

（キク科）8～9月／①
小花の集合体がくっ付き「球状の花」に見える

マツムシソウ

（スイカズラ科）8～9月／①⑤
小花が集まり外側の花びらだけ広がる

ワレモコウ

（バラ科）8～9月／①③
小花が密集し穂のように形づくられる

ミズオトギリ

（オトギリソウ科）8～9月／①
午後3時頃から咲いて夜の間にしぼむ

アキノキリンソウ

（キク科）8～9月／②③⑤
秋の登山道でよく見られる。別名アワダチソウ

ヤマラッキョウ

（ヒガンバナ科）9～10月／①③⑤
雄しべが花弁より長く突き出す

リンドウ

（リンドウ科）9～10月／①②③⑤
くじゅうの秋を代表する花。花は日が当たっている時だけ開く

アケボノソウ

（リンドウ科）9月／①②
星形の花びらの緑点と黒紫色の斑点が美しい

ウメバチソウ

（ニシキギ科）9～10月／①
名前は花形が家紋の梅鉢紋に似ているため

シラヒゲソウ

（ウメバチソウ科）9月／①②
五つの花弁の縁が糸状に細かく分かれる

ハガクレツリフネ

（ツリフネソウ科）9月／④⑤
花は葉陰に隠れるように咲く

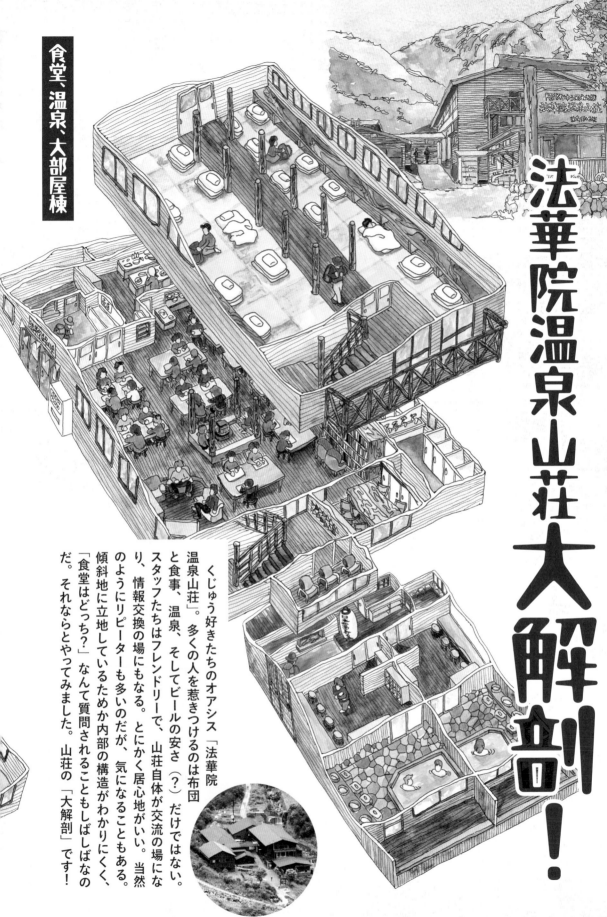

法華院温泉山荘大解剖！

食堂、温泉、大部屋棟

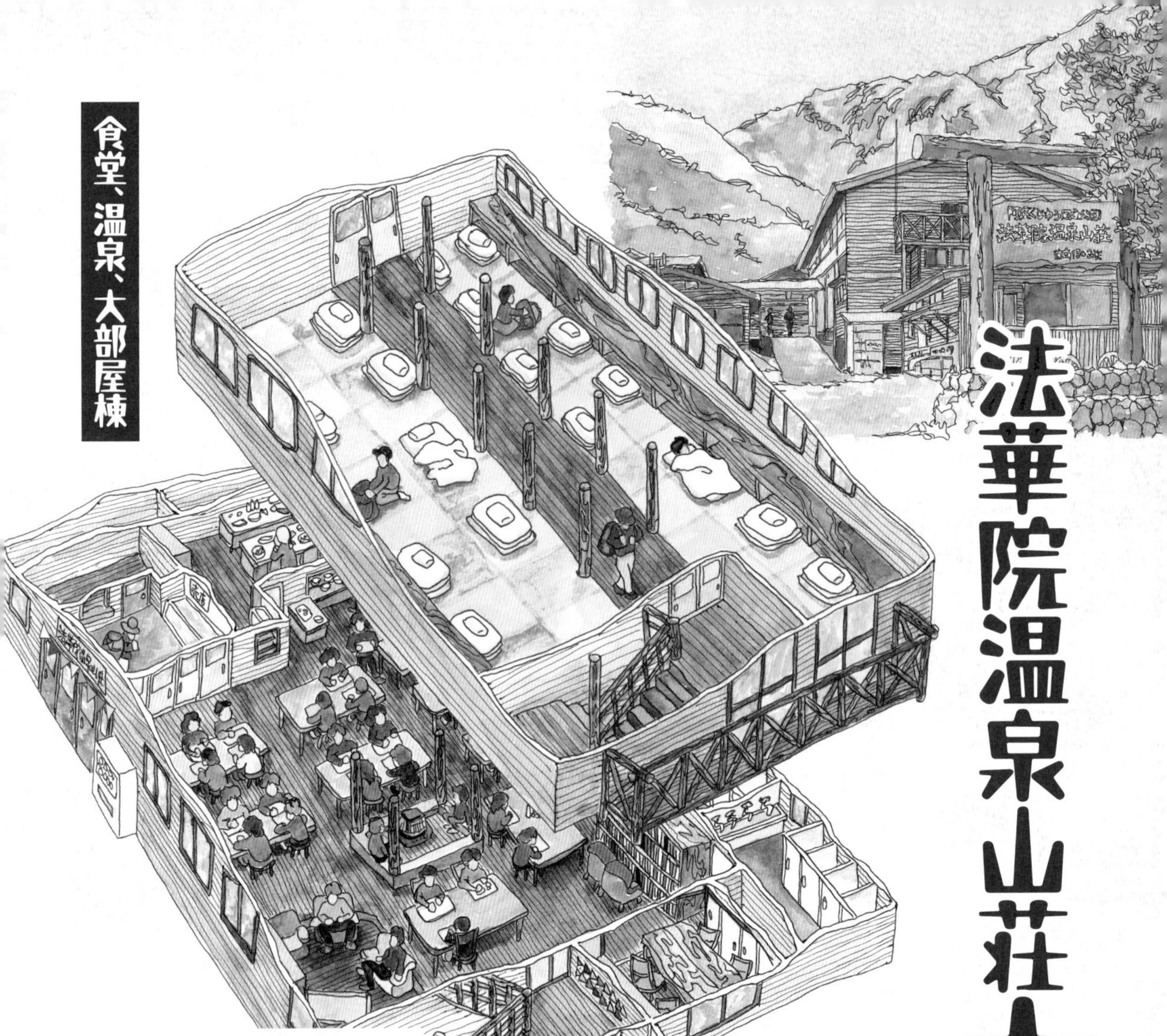

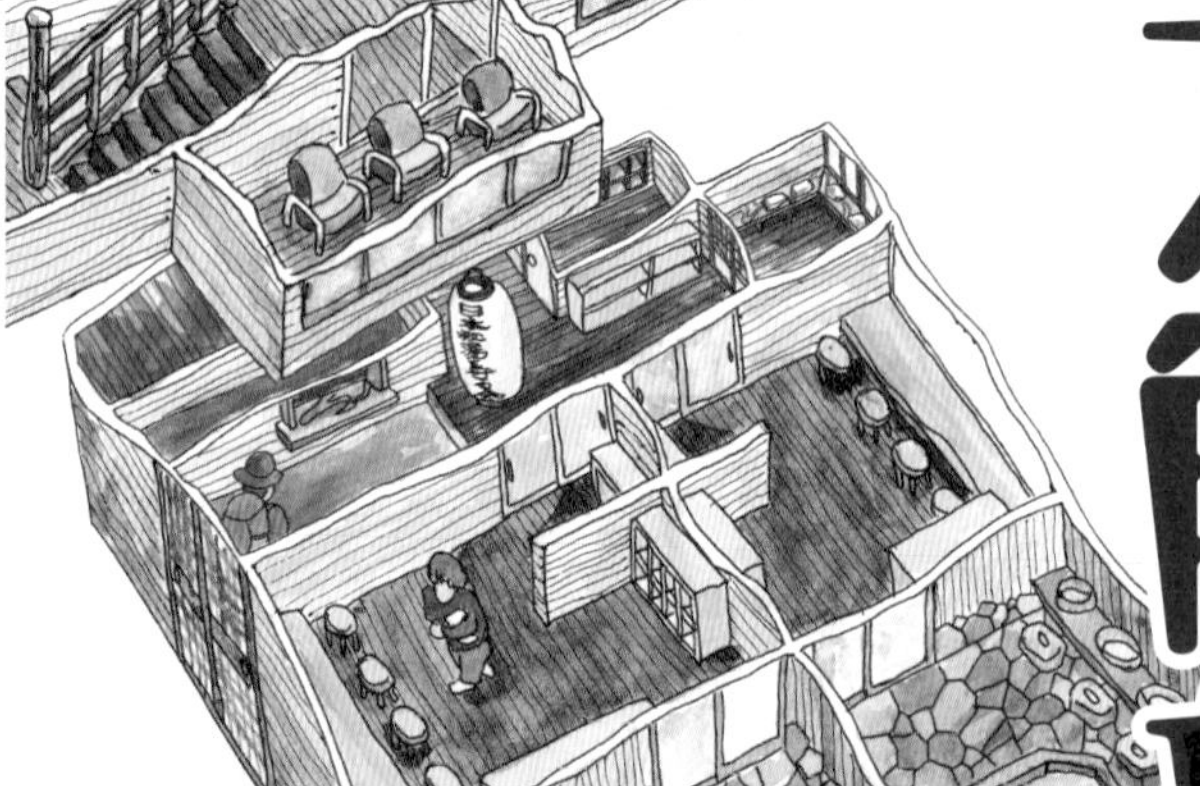

くじゅう好きたちのオアシス「法華院温泉山荘」。多くの人を惹きつけるのは布団と食事、温泉、そしてビールの安さ（？）だけではない。スタッフたちはフレンドリーで、山荘自体が交流の場になり、情報交換の場にもなる。とにかく居心地がいい。当然のようにリピーターも多いのだが、気になることもある。傾斜地に立地しているためか内部の構造がわかりにくく、「食堂はどっち？」なんて質問されることもしばしばなのだ。それならとやってみました。山荘の「大解剖」です！

個室、談話室棟

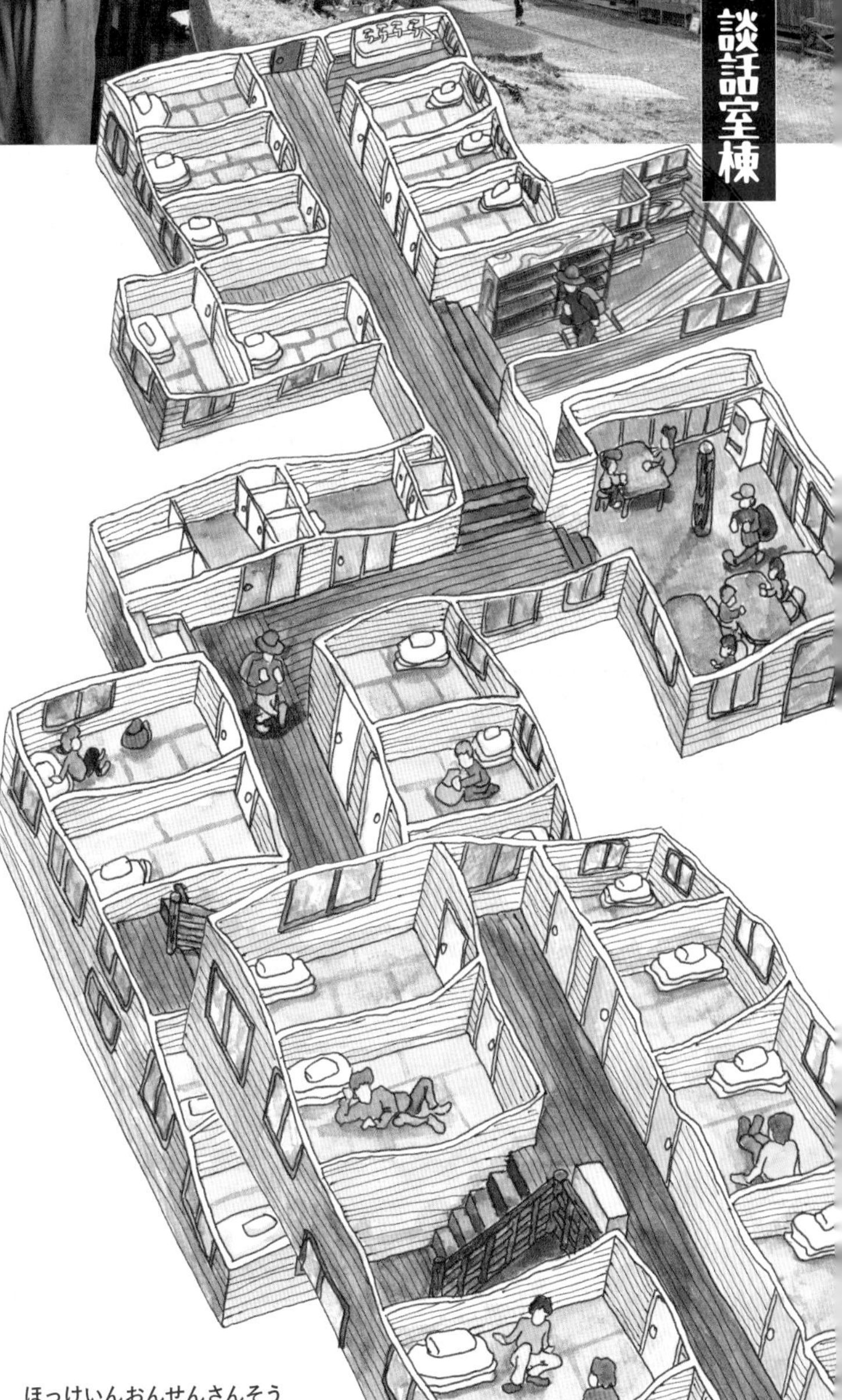

山荘の運営を支えるスタッフのみなさん。多い日は数百人の登山客が押し寄せる一方、天候次第でキャンセルが相次いだり、遭難情報が飛び込んできたりとトラブル対応にも追われる。

魅力の一つは食事。おかみの弘蔵美代子さんはその裏側を教えてくれた。先代から「こんなあんばい」と目分量で教わったレシピを数値化し、旬の地元野菜をふんだんに取り入れた。腹が減っては登山はできぬと量にもこだわった。ご飯のおかわりも自由で、登山での疲労回復とエネルギー補給にはありがたい限りだ。

山荘は早朝からも目まぐるしい。朝ごはん、昼弁当の準備と同時に清掃にも追われる。私たちが山荘を満喫できるのも、スタッフたちの慌ただしい日々に支えられているのだ。

ちなみに社長の弘蔵岳久さんは、かつて「日本酒なら2升、焼酎なら1升」というほどの酒豪としてならした。夕食後には、食堂のテーブルでお客さんと盃を交わす姿もみられる。この「酒愛」が、自販機のビールの安さ（350mlで350円）に繋がっている？

＼イベントも企画／

山荘では、さまざまな催し物を年中実施している。弘蔵さんおすすめの地酒が楽しめる「日本酒の会」、ビール飲み放題がついた17サミッツ縦走企画「苦汁登山」、アルコールストーブや手芸などのワークショップ「やまごやマルシェ」のほか、12月の感謝祭、越年会＝写真上＝など盛りだくさんだ

ほっけいんおんせんさんそう

14世紀、修験道場として寺を建立。清流が横を流れていることから「白水寺」と呼ばれた。1882年、失火により寺は焼失。この頃から登山者が増え始めたため、現社長、弘蔵岳久さんの祖父が湯治宿を始めた。2000年、有限会社法華院温泉（法華院温泉山荘）となった。山荘温泉棟の隣には観音堂があり、十一面観音などが安置されている。

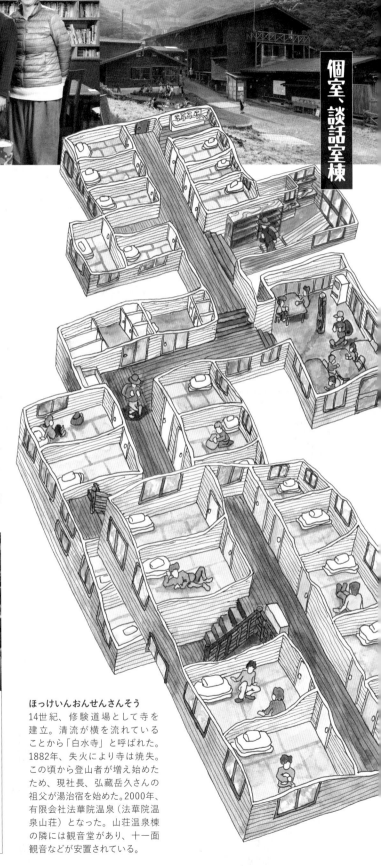

食堂、温泉、大部屋棟

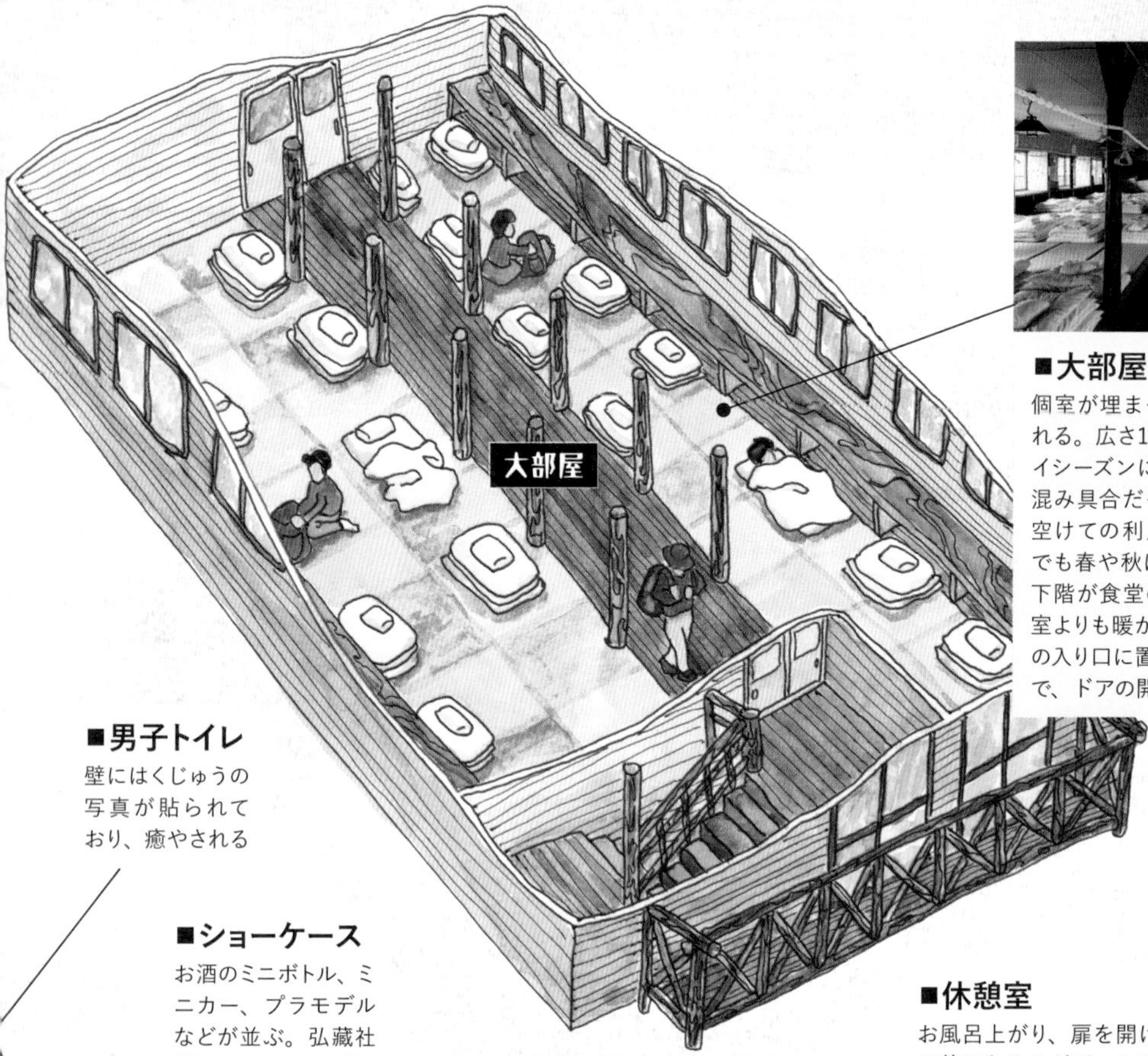

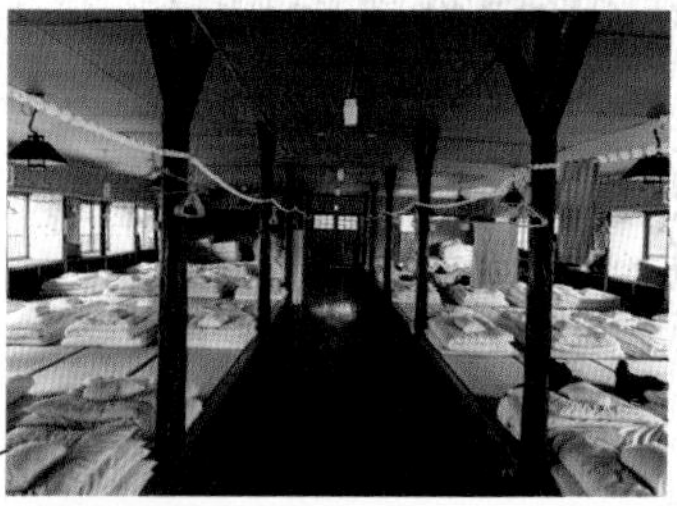

■大部屋
個室が埋まった場合に大部屋に通される。広さ120畳。コロナ禍前は、ハイシーズンには1人1畳となるほどの混み具合だった。現在は若干間隔を空けての利用となっているが、それでも春や秋は多くの登山客で埋まる。下階が食堂のため、寒い時期は、個室よりも暖かいという。登山靴は部屋の入り口に置く。寝ている人もいるので、ドアの開け閉めはゆっくりと！

■男子トイレ
壁にはくじゅうの写真が貼られており、癒やされる

■ショーケース
お酒のミニボトル、ミニカー、プラモデルなどが並ぶ。弘藏社長のコレクションだ

■観音堂への通路
この通路を抜けていくと屋外に出られる扉がある。そこから橋を渡ったところが観音堂。到着したら手を合わせよう

■休憩室
お風呂上がり、扉を開けたら目の前にあるのがビールの自動販売機。登山、入浴の後、休憩室でくつろぎながらの一杯は想像するだけでおいしいでしょう？しかもビールは各メーカー取りそろえられているのも高ポイント。至福のひとときをどうぞ

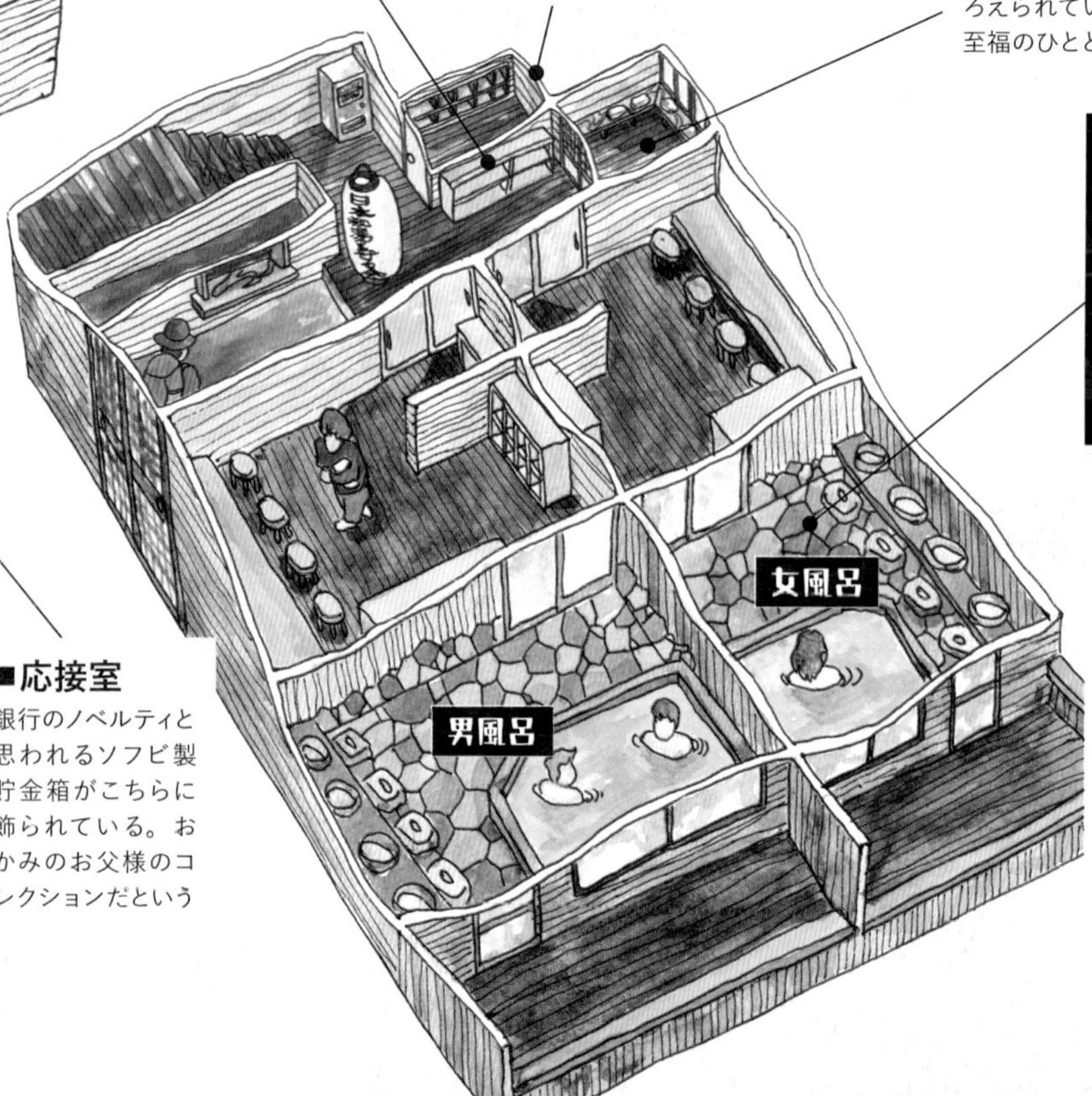

■風呂
薄く濁ったお湯は、ほんのり硫化水素臭がして、湯の花が浮く。シャンプーや石鹸などは使用禁止なので注意しよう。窓からは迫力ある大船山の姿。テラスにも出られるが、外から微妙に見えるので勇気が必要。男湯では、みなさん姿勢を低くしながら、そろりと外に出ている。スタッフが毎朝お湯を抜いてきれいに掃除をしてくれている。泉質は、カルシウム・マグネシウム・ナトリウム・硫酸塩泉。神経痛、筋肉痛、関節痛、打ち身などに効果があるとされる。毎月9、10日は「くじゅう」にちなみ、立ち寄り湯の入浴料が半額に！

■応接室
銀行のノベルティと思われるソフビ製貯金箱がこちらに飾られている。おかみのお父様のコレクションだという

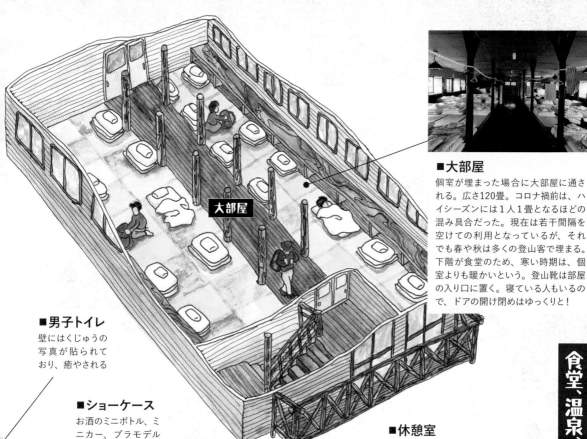

■売店

お菓子、カップラーメン、お酒、甘味（山小屋だんご）から登山、山荘グッズまで何でもそろう登山者の強い味方。カレー、牛丼などのランチや立ち寄り湯の受付（午前11時から）もこちらから

■食堂

板張りの床と木の柱。温かみのある食堂は広くて開放感がある。一度に100人ほど食事できるという。数カ所ある本棚には、登山関連書はもちろん、漫画類も置かれている。大型テレビもあり、ニュースも流れている。気になる天気予報もここでチェックしよう

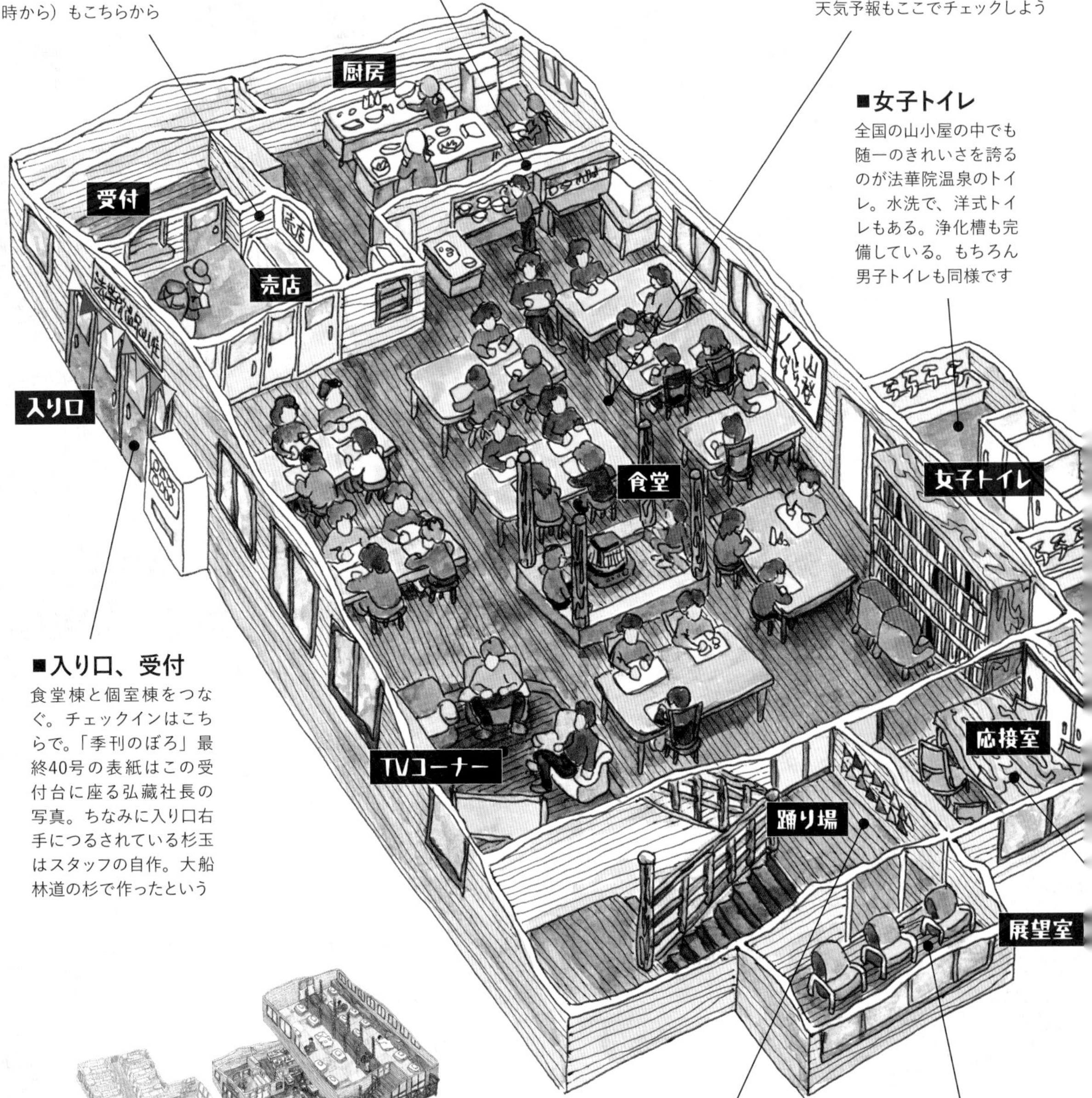

■女子トイレ

全国の山小屋の中でも随一のきれいさを誇るのが法華院温泉のトイレ。水洗で、洋式トイレもある。浄化槽も完備している。もちろん男子トイレも同様です

■入り口、受付

食堂棟と個室棟をつなぐ。チェックインはこちらで。「季刊のぼろ」最終40号の表紙はこの受付台に座る弘藏社長の写真。ちなみに入り口右手につるされている杉玉はスタッフの自作。大船林道の杉で作ったという

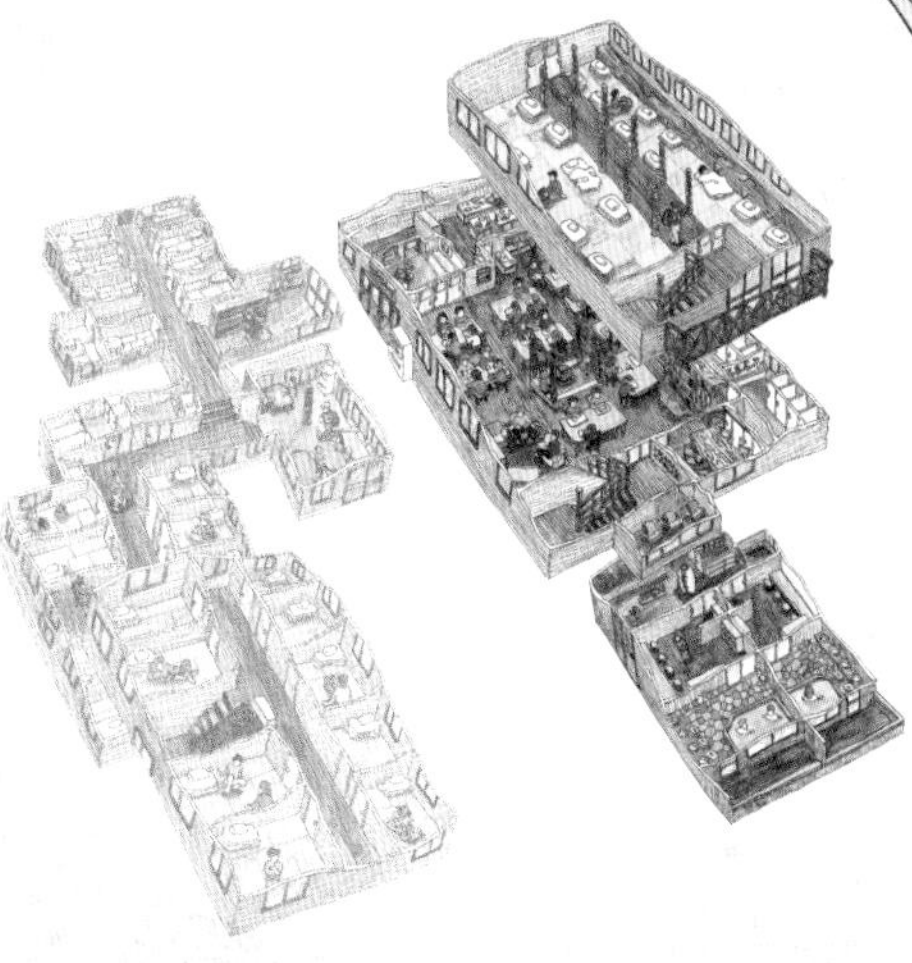

■展望室

法華院は大船山の眺望が魅力の一つ。缶ビール片手に、物思いにふける登山者の姿をここで、何度見たことか。ソファーに腰掛けて、ゆっくり、じっくりと大船山を味わってほしい

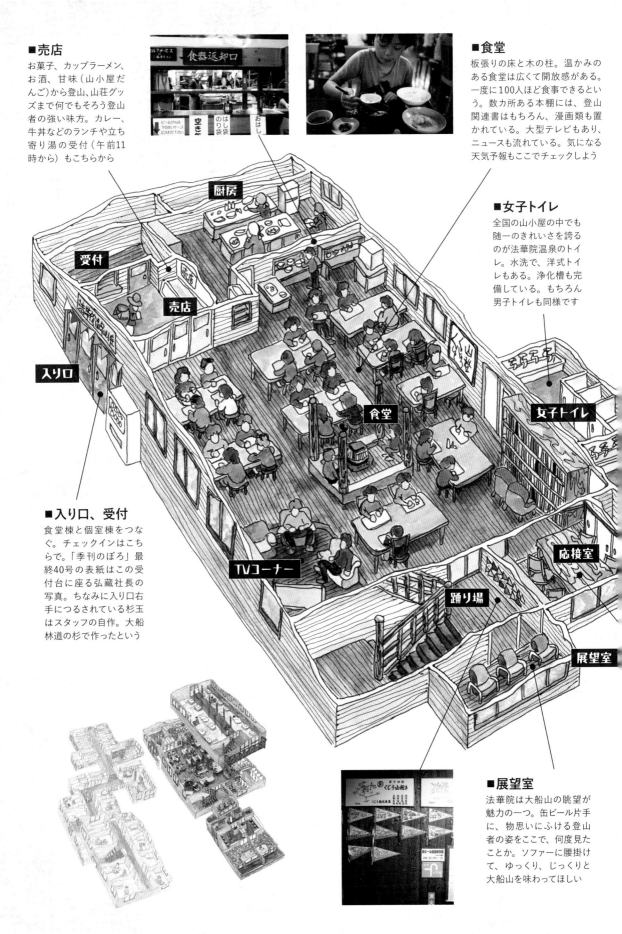

個室、談話室棟

■廊下

特別室以外の個室にはコンセントがない。廊下にコンセントがあるので、スマホ、モバイルバッテリーの充電はこちらでしよう

■自炊場

素泊まりの個室客はこちらの自炊場も使用できる

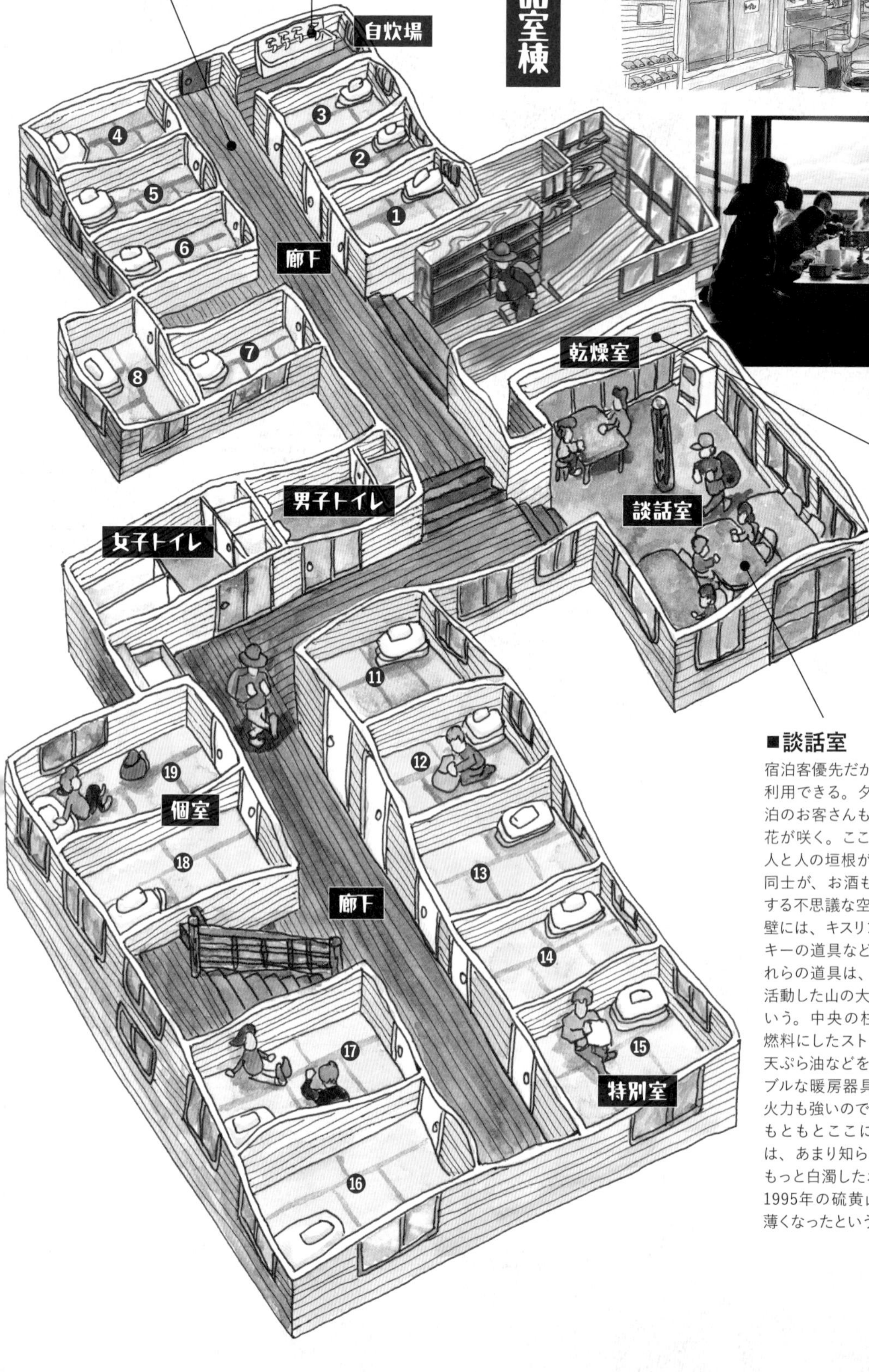

自炊場
廊下
乾燥室
男子トイレ
女子トイレ
談話室
個室
廊下
特別室

■乾燥室

談話室に直結している。雨に濡れたレインウエアやザックカバーはここで乾かそう

■談話室

宿泊客優先だが、それ以外の人でも利用できる。夕方ごろには、テント泊のお客さんも集まって、山談議に花が咲く。ここに来ると、なぜだか人と人の垣根が低くなる。知らぬ人同士が、お酒も食事もシェアしたりする不思議な空間でもある。

壁には、キスリング、ランタン、山スキーの道具などが飾られている。これらの道具は、しんつくし山岳会で活動した山の大先輩の私物だったという。中央の柱付近には、廃油を燃料にしたストーブも設置。厨房の天ぷら油などを利用する、サステナブルな暖房器具なのだ。暖かいが、火力も強いので注意しよう。

もともとここに浴場があったことは、あまり知られていない。当時はもっと白濁したお湯だったらしいが、1995年の硫黄山噴火以降、濁りが薄くなったという

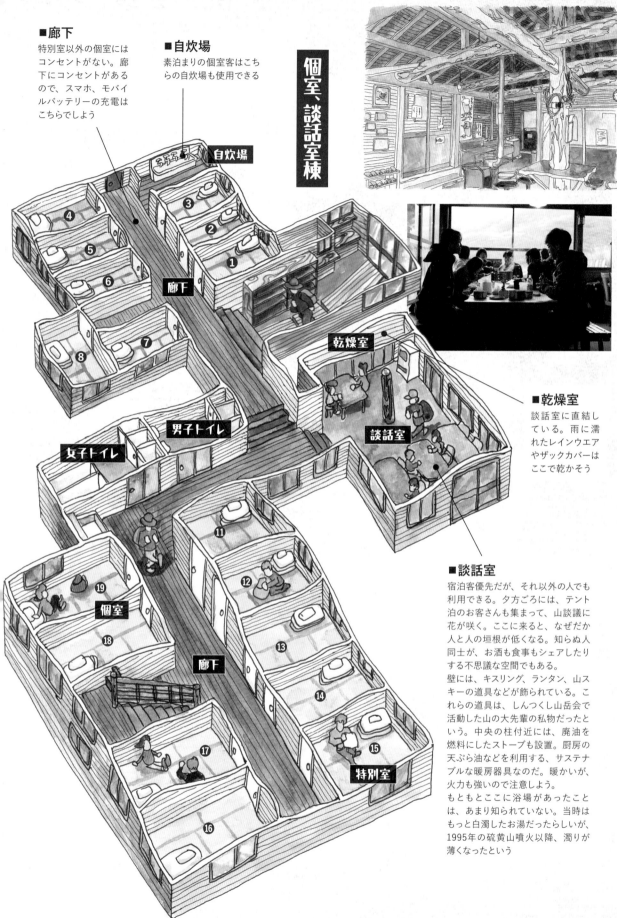

山荘では、子供の姿もよく見かける。小学生以下の宿泊料は最近値下げされた。弘藏社長に孫が誕生したことが影響したとか、しないとか…。2023年は法華院温泉山荘と「のぼろ」がコラボしたTシャツを制作し、売店で販売。好評のため、のぼろのロゴを裏返しにした「裏のぼろ」Tシャツも発売している。

■個室・特別室

個室は全部で26室。ほとんどが6畳の広さで、最大で4人が泊まれる。部屋番号が振られており、1号から8号は入り口から右手、11号から19号は左手にある。21号から29号は2階。9、10、20号室はない。4部屋ある特別室（15、16、25、26号）には、大船山側に窓が一つ多くあり、鍵がかかる。部屋にコンセントもあるほか、冬場はファンヒーターが設置される

＼宿泊は予約が必要だよ／

▽1泊2食付　（　）＝小学生以下
特別室 12,000円（6,000円）
個　室 11,000円（5,000円）
大部屋 10,000円（4,000円）
▽素泊まり
個　室 7,000円（2,000円）
大部屋 6,000円（1,000円）

10月～4月は暖房費500円が別途必要、予約開始は宿泊月の3カ月前の月初（1日）から。山荘の携帯電話＝090-4980-2810

※2023年9月現在

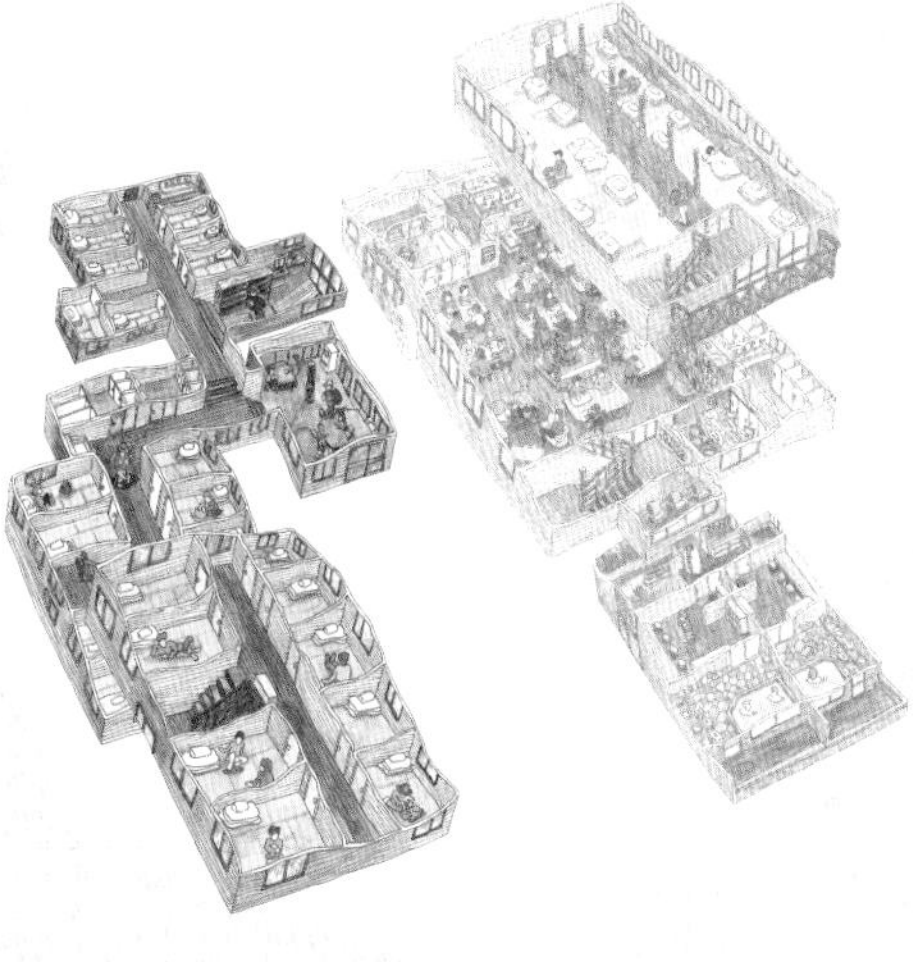

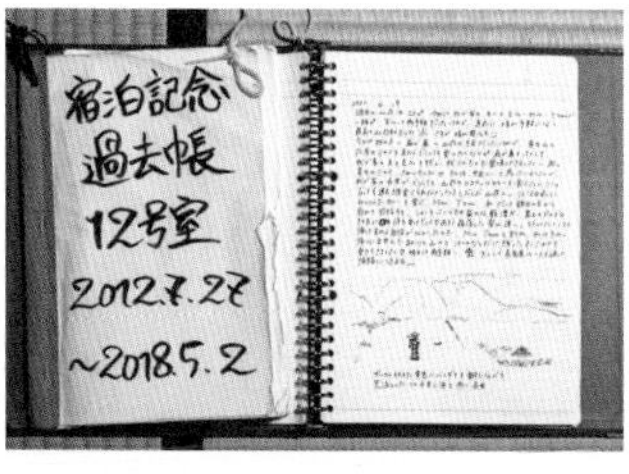

大部屋も含む各部屋には宿泊記念の過去帳が置かれていて、誰でも自由に書き込むことができる。山荘の思い出、くじゅうの思い出を書き込んで、共有しよう

■電気、通信

一般的な山小屋では、消灯後は電気が使えなくなるケースが多い。当然、トイレに行くにもヘッドライトが必須になる。でも、ここではそんな心配は無用。敷地内には大型発電機が2台あり、交代で稼働し続けている。このおかげで24時間電気が使えるのだ。携帯もドコモ、auなら通話可能！

くじゅうの拠点といえば、「法華院温泉山荘」とテント場「坊がつる」だ。山で一夜を明かせば、その山をより深く知ることができる。山の記憶は人生の記憶とも繋がっていく。

１９９８年に北米最高峰デナリ（マッキンリー）冬季単独登頂に史上最年少で成功した登山家、栗秋正寿さんにも記憶がある。人生と人生が交差した坊がつるの思い出を書いてもらった。

坊がつるという縁

栗秋 正寿

「まーくん（筆者）が生まれたのは、坊がつるキャンプから戻った日の夜中だった」と、父方の祖父はよく語ってくれた。

51年前のお盆休みに、叔父の誘いを受けた祖父と父の３人は、坊がつるにテントを張って1泊した。翌朝、大船山に登り、大分県日田市にある祖父母の家に戻ってきた。その日の深夜、義理の実家に帰省していた母は出産予定日より10日ほど早く産気づいた。こうしてぼくは期せずして、日田駅前にあった産婦人科の産湯に浸かることになったのだ。

なお当時の叔父はヒマラヤ遠征を視野に入れ、冬山や岩登りに青春をかけていた山男でもあった。後に叔父から岩登りの道具などを譲り受けたぼくは、１９９８年冬、北米最高峰のデナリ（６１９０ｍ）に単独登頂した。これらのエピソードを祖父はうれしそうに人に話していた。

ぼくのくじゅう初体験は、小学6年の夏だった。学校行事として九重泉水キャンプ場（当時）に2泊した。霧雨のなか、牧ノ

戸峠から久住山方面を散策したはずだが、じつはあまりよく覚えていない。当時のぼくは、千葉県から日田市に転校してきたばかりで、まだ周囲になじめずにいた。とりわけ、幼少期から始めたピアノや吹奏楽のトランペットを続ける環境がないことに戸惑いを感じ、不登校になった時期もあった。やがて魚釣りの友だちができ、中学生ではエレキギターを弾きはじめて、バンドの仲間もできた。曾祖母や祖父母と親子4世代の8人で、3年半ほど日田市で暮らしたぼくは、中学3年の夏に福岡市の実家に戻った。

ぼくがはじめて坊がつるを訪れたのは、高校山岳部2年生の秋だった。1989年9月下旬、連休を利用した2泊3日の秋山合宿。1年生と2年生、顧問の先生の総勢15人は、午前中の授業を終えて学校を出発した。長者原登山口から歩きはじめて日暮れとなり、夜の雨ヶ池越でルートを探すのに苦労した。小雨のなかヘッドランプの隊列が彷徨《さまよ》うさまにたとえて、誰かが話題にした「リングワンダリング」のことが頭から離れなかった。

翌朝、坊がつるはガスに覆われた。あいにく大船山の頂上からのご来光は拝めなかった。米窪とよばれる噴火口の跡を時計まわりに歩を進めた。ブナやコナラなどの広葉樹がうっそうと生い茂る、黒岳原生林を散策。天然のクーラーで涼んだ「風穴」では、日田の高校登山部のパーティが休憩しており、中学の同級生のZくんと偶然の再会を果たした。黒岳の急な下りでは2年生のHくんが滑って吹っ飛び、前の人を追い越してしまうというハプニングも起こったが、幸い怪我はなかった。その日の夕食は坊がつるの星空の下、仲間たちと水炊きの鍋を囲んだ。

天気が回復した最終日の朝は、テントの外に置いたポリタンクの水の一部が凍っていた。坊がつるを発って、紅葉し始めたミヤマキリシマ大群落のある平治岳へ。くじゅう連山の大パノラマを満喫した山頂では、2年生6人で3段の人間ピラミッドをつくった。長者原登山口の温泉に浸かり、バスと列車に揺られて帰途についた。

＊

普段からラジオを聴いているぼくにとって、NHK「石丸謙二郎の山カフェ」も好きな番組のひとつだ。この春の放送では、くじゅう連山や坊がつるを特集していた。マスター役の石丸謙二郎さんが奏でる、ドビュッシーの「月の光」のピアノの音色に聴き入った。しかも、坊がつるにある法華院温泉山荘のピアノだと知り、さらに驚いた。

じつはぼくも30数年ぶりにピアノを再開した。この夏も小さなホールで数曲演奏する機会があった。20年以上続けた冬のアラスカ・ソロ登山で吹いていた、ハーモニカの自作曲「デナリ」をはじめて披露した。荘厳なデナリへの祈るような気持ちを、ピアノ曲にアレンジして弾いた。木のやわらかい音色が心地よい、法華院温泉山荘のピアノをいつか弾いてみたいと思っている。

くりあき・まさとし　登山家。1972年生まれ。修猷館高と九州工業大の山岳部に所属。2011年、植村直己冒険賞受賞。著書に『山の旅人　冬季アラスカ単独行』(閑人堂)

坊がつる賛歌

人みな花に酔う時も
残雪恋し山に入り
涙を流す山男
雪解の水に春を知る

石楠花《シャクナゲ》谷の三俣山
花を散らしつ藪分けて
湯沢に下る山男
メランコリーを知るや君

ミヤマキリシマ咲き誇る
山はピンクに大船の
段原彷徨う山男
花の情を知る者ぞ

四面山なる坊がつる
夏はキャンプの火を囲み
夜空を仰ぐ山男
無我を悟るはこの時ぞ

坊がつるといえば、芹洋子さんの「坊がつる讃歌」が思い浮かぶ。一定の世代以上の方にとっては懐かしの流行歌だが、もともとは山男たちによる替え歌が始まりだった。

発案者の一人、松本徰夫さん（故人）が当時のことを西日本新聞（平成3年6月26日付）に書いている。

〈二十七年七月末、九重山の桃源郷、坊がつるのあせび小屋で、九州大学の山仲間の梅木秀徳、草野一人両氏とともに、旧制広島高師の山岳部歌から九重の替え歌を作った〉

その日は朝から雨。小屋番をしていた男たちがメロディーに歌詞を載せていった。

〈当初は三人の「坊がつる賛歌」であったが、やがて山岳会や地元の歌となった。ついには私らの意思とは無関係に、五十三年ＮＨＫの「みんなの歌」となり、歌手・芹洋子の歌うところとなった〉

坊がつる「賛歌」は「讃歌」として全国に広まったのだ。

1・あせび小屋の室内。昭和15年に改築した際の棟札が掲げられている／2・あせび小屋の外観／3・小屋内には円卓があり、山談議が弾む／4・2階にある部屋には大船山の札。名前通り、大船山がよく見える／5・坊がつるを訪れた芹洋子さん。奥はあせび小屋（昭和53年）

法華院温泉山荘から坊がつるに向かう途中、左手に趣のある山小屋が見える。この場所こそが、坊がつる賛歌が誕生したあせび小屋である。

昭和8年、筑紫山岳会（しんちくし山岳会の前身）によって建てられ、幾度かの改築を経て今に至る。建設のきっかけはくじゅうで初めてとされる登山者の遭難死だった。

昭和5年の夏の日、九州大医学部生の広崎秀雄さんと友人の渡辺邦彦さんは夕方から入山。台風で天候が悪化する中、御池近くの石室を目指したが、たどり着けずに力尽きた。

山岳会は寄付を集めて慰霊碑を建立した。そして、拠点としての山小屋新設の話も立ち上がった。法華院24代目の弘藏孟夫さんに相談し、土地を提供してくれることになったそうだ。

戦時中は誰も使うことなく、荒れ果てた。台風で幾度となく屋根を飛ばされた。それでも、法華院、山岳会の会員たちが協力しながら小屋を守ってきた。彼らの尽力がなければ、「坊がつる賛歌」が誕生することもなかったかもしれない。

今も維持・管理は簡単ではない。令和2年の熊本豪雨では、土砂が流れ込んだ。別棟としてあった管理棟は水没し、取り壊された。それでも残った建物は以前のように甦らせた。

長年、守り継がれてきたあせび小屋。これまで山岳会関係者らに限った会員制山荘だったが、令和5年から「シン・あせび小屋」として一般客の受け入れを始めた。山男たちが賛歌を作ったこの場所を体感してみるのはいかがだろうか。

◇　◇

「シン・あせび小屋」の予約は小屋番の西山さん＝080－9088－5963（9時～16時）。

あの頃の「くじう」

記録された山と人の営み

法華院温泉山荘に開通した公衆電話。後方には大船山が見える〈昭和36年〉

大船山山頂下の御池でスケートを楽しむ登山者〈昭和35年〉

北千里ケ浜から山頂を目指す登山者たち。両サイドに大きなポケットが付いたザックは「キスリング」と呼ばれた〈昭和36年〉

国鉄豊後中村駅で牧ノ戸峠行きのバスに乗り込む人たち。昭和39年のやまなみハイウェイ開通まで国鉄からバスに乗り継ぐアクセスが一般的で、登山口や坊がつるで1泊した後に山頂を目指した〈昭和37年〉

鉾立峠から法華院に下る馬の列。向こうの山は三俣山〈昭和38年〉

すがもり小屋の横に設置された愛の鐘。濃霧の時、鐘を鳴らして方向を伝えた〈昭和37年〉

西鉄バスの九重高原行き特急「くじう号」が開通＝西鉄福岡バスセンター〈昭和37年〉

あの頃の「くじゅう」

記録された山と人の営み

坊がつるキャンプ場でバレーをする若者たち〈昭和50年〉

昭和の終わりにいたガイド犬、平治。道に迷った登山者を避難小屋などに誘導するようになった。長者原（九重）登山口には平治の像が建てられ、今も登山者の安全を見守っている。〈昭和58年〉

売店があった頃のすがもり小屋〈昭和49年〉

山開きの日の久住山山頂。「ぼく2歳です」、
特製背負子で赤ん坊もくじうへ。〈ともに昭和47年〉

元日に新春登山を楽しむ人たち〈昭和62年〉

ミヤマキリシマが咲き、夏山シーズンに入った〈平成元年〉

257年ぶりに噴火した硫黄山〈平成7年〉

山開きで多くの登山者が詰めかけた久住山。平成8年に大分自動車道が全線開通し、日帰り登山が楽しめるようになった。後方は硫黄山の噴煙〈平成11年〉

湯 文豪も浸かった？

筌の口共同浴場

（上）浴場は鉄分のにおいが漂い、黄金色のにごり湯は胃腸病などに効果があるとされる （下）組んだ丸太が特徴的な共同浴場の入り口

くじゅうの山小屋「法華院温泉山荘」に泊まったノーベル賞作家の川端康成（1899〜1972）が立ち寄ったとされる温泉地にある名泉だ。

1728年に建てられた湯小屋に由来するという歴史のある浴場で、黄金色のにごり湯で鉄分のにおいに包まれる。疲労回復のほか、胃腸病にも効果があるとされる。

歴史を感じさせる湯船に肩まで浸かれば、タイムスリップしたような感覚と山登りの疲れが抜けていくのを同時に味わえる。

周辺には九酔渓などの景勝地が点在する。宿もあり、山の味覚を堪能できるのも登山客にはうれしい。

24時間開放され、入浴料300円を箱に入れて利用する。

九重町観光協会＝0973（73）5505。

泊 美しい山と草原と

久住高原オートビレッジ

美しい山並みと広大な草原を楽しめるキャンプ場。敷地内にはコテージが併設され、展望が素晴らしい露天風呂の利用もできる。

テントサイトは車の乗り入れができ、電源の有無が選べる区画と、電源なしのフリーがある。テントなどのレンタル品も充実。ペット同伴もできる。

久住高原コテージ＝0974（64）3111。

泊

九重星生ホテル

山に抱かれながら

くじゅう連山を眺められる部屋もあり、山に抱かれながら滞在できる。

登山ガイドと一緒に歩くツアー付きの宿泊プランや、月光に照らされたタデ原湿原を散策するイベントなどもある。展望露天風呂「山恵の湯」では4種類の源泉かけ流し温泉を16種類の湯舟で楽しめる。

同ホテル＝0973（79）3111。

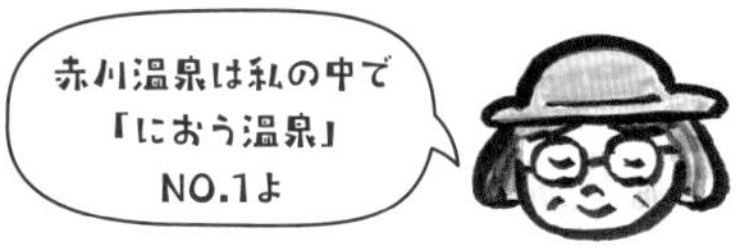

キャンプ場

長者原登山口	くじゅうやまなみキャンプ村	大分県玖珠郡九重町田野267－18	0973-79-3444
瀬の本登山口	瀬の本高原オートキャンプ場	熊本県阿蘇郡南小国町満願寺5621－7	0967-44-0011
	阿蘇ファンタジーの森	熊本県阿蘇郡南小国町満願寺6259	080-6596-7000
	茶屋の原キャンプ場	熊本県阿蘇郡南小国町満願寺6323	0967-44-0220
	ゴンドーシャロレー	熊本県阿蘇郡南小国町大谷山6338	0967-44-0316
	蔵迫温泉さくら 貸コテージ＆オートキャンプ場	熊本県阿蘇郡南小国町満願寺2849－1	0967-44-1008
	吉原ごんべえ村	熊本県阿蘇郡南小国町満願寺5113	0967-44-0275
赤川登山口	ヒゴタイ公園キャンプ村	熊本県阿蘇郡産山村田尻771	0967-25-2777
	久住星群れキャンプ場	大分県竹田市久住町久住4026	080-1740-5037
	久住高原 スパージュキャンプ場	大分県竹田市久住町久住4026－1	0974-76-1055
	天空の大地 久住高原ホテル キャンプ場	大分県竹田市久住町久住4031	0974-76-1211
南登山口	久住山荘南登山口キャンプ場	大分県竹田市久住町久住3991－169	0974-76-0391
	くじゅう花公園 キャンピングリゾート 花と星オートキャンプ場	大分県竹田市久住町久住4050	0974-76-1467
沢水登山口	久住高原 沢水キャンプ場	大分県竹田市久住町久住3995	0974-76-1542
レゾネイトクラブ登山口	レゾネイトクラブくじゅう	大分県竹田市久住町有氏1773	0974-76-1223

宿泊

長者原登山口	九重観光ホテル	大分県玖珠郡九重町田野230牧の戸温泉	0973-79-2211
	法華院温泉 高原テラス	大分県玖珠郡九重町田野260－1	0973-79-2230
	大分九重虎乃湯	大分県玖珠郡九重町田野255－30	0973-73-0065
	寒の地獄旅館	大分県玖珠郡九重町田野257	0973-79-2124
瀬の本登山口	深山山荘	熊本県阿蘇郡南小国町満願寺6393	0120-380-154
	源流の宿 帆山亭	熊本県阿蘇郡南小国町東奥黒川温泉	0967-44-0059
	スパ・グリネス	大分県玖珠郡九重町湯坪瀬の本628－2	0967-44-0899
	界 阿蘇	大分県玖珠郡九重町湯坪瀬の本628－6	050-3134-8092
	奥黒川温泉 里の湯和らく	熊本県阿蘇郡南小国町満願寺6351－1	0967-44-0690
	お宿 野の花	熊本県阿蘇郡南小国町満願寺6375－2	0967-44-0595
	竹ふえ	熊本県阿蘇郡南小国町満願寺5725－1	0570-064-559
赤川登山口	久住高原 銀河のやど きのこⅡ世号	大分県竹田市久住町久住4026－1	0974-76-0588
	赤川温泉 赤川荘	大分県竹田市久住町久住4008－1	0974-76-0081
沢水登山口	民宿久住 久住高原温泉	大分県竹田市久住町久住3946－34	0974-76-1072

《東エリア》

湯

世界屈指の炭酸泉

ラムネ温泉館

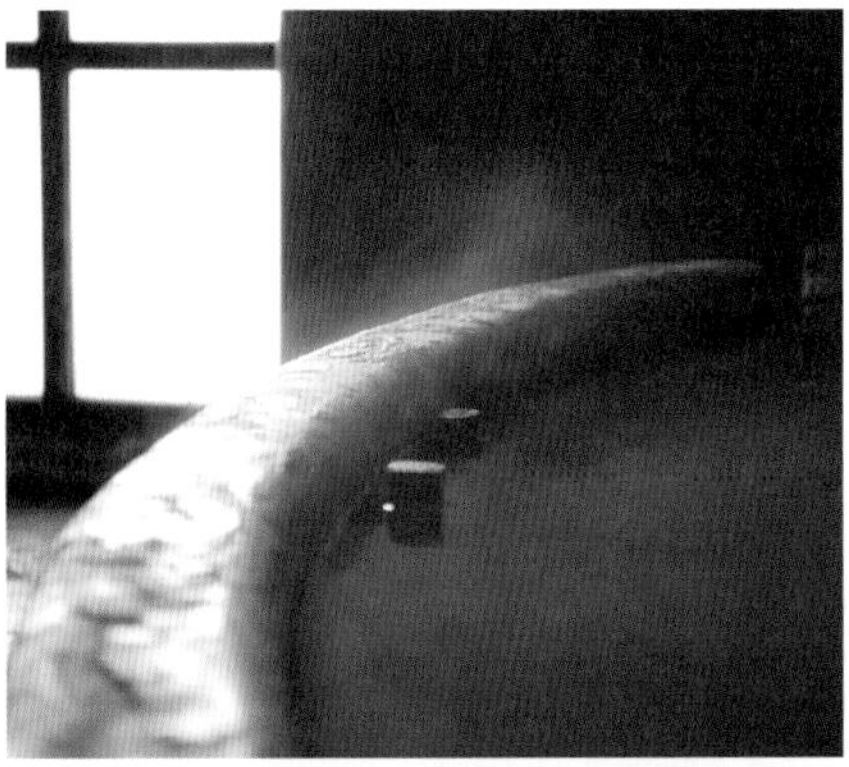

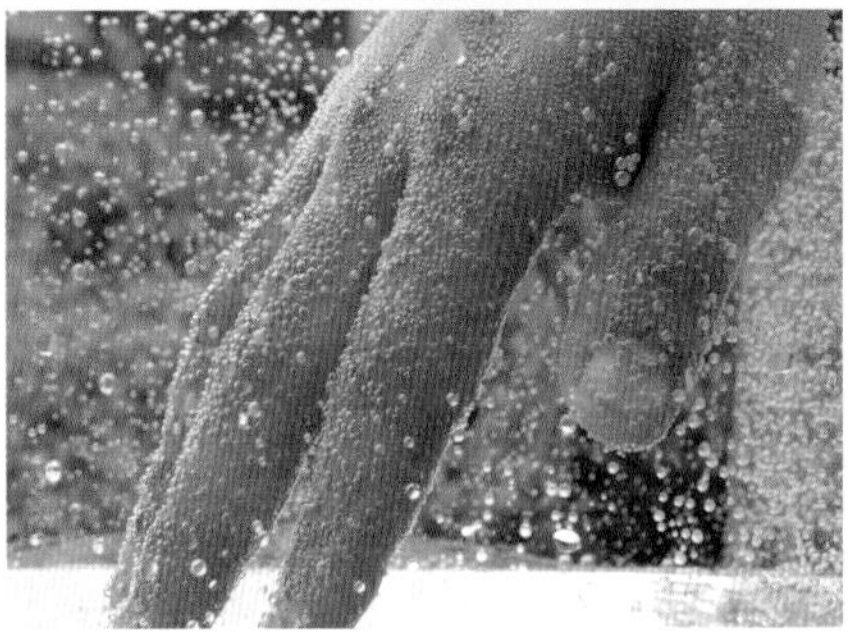

世界でも珍しい炭酸泉が湧き出る長湯温泉。「飲んで効き、長湯して利く、長湯のお湯は心臓胃腸に血の薬」と称され、一帯は古くから湯治が盛んだったという。

ここの湯は銀色の泡がシュワシュワと体にまとわりつき、湯上がりも爽快感が続く。大浴場では、湯の温度が42度の内湯と32度の露天風呂を楽しめる。ほかに家族風呂やサウナもある。

長湯温泉と縁のある画家や作家の作品を展示したスペースもある。

大人500円、小学生以下200円、3歳未満無料。営業は午前10時〜午後10時(休館日は毎月第1水曜日。ただし1月と5月は第2水曜日)。

同館＝0974(75)2620。

(右)白い壁と木の柱が目を引く大浴場 (左上)弱った胃腸などに効果があるという (左下)世界でも珍しい炭酸泉。手を入れると無数の泡が付く

湯

日替わりの大浴場を

長湯温泉療養文化館「御前湯」

施設1階と3階に、炭酸泉の内湯と露天風呂、冷泉、サウナが楽しめる大浴場があり、日によって男湯・女湯が入れ替わる。早朝から営業している。

大人500円、小学生以下200円、6歳未満無料。営業は午前6時〜午後9時(受け付けは午後8時まで。休館日は第3水曜日)。

同館＝0974(64)1400。

湯

川沿いのシンボル

ガニ湯

川沿いの混浴露天風呂で、入浴料は無料だが勇気は要る。囲いがないので橋の下にある脱衣所を利用する。女性は水着の着用を。タオルなどは持参する。その名は人間の娘に恋をしたカニの伝説に由来し、長湯温泉のシンボルとなっている。24時間利用できる。

竹田市直入支所＝0974(75)2211。

泊　カフェや家族湯も
常聖　天空の杜

昼は美しいくじゅうの山並み、夜は満天の星を楽しめる名前通りのキャンプ場。電源付きのオートサイトや展望サイト、フリーサイト、貸し切り限定サイトなどがあり、用途や人数に応じて選べる。風の強い日があるので丈夫なペグを準備しよう。

長湯温泉観光案内所から車で約10分。チェックインは正午から。サイトは一部芝あり。ペットの同伴も可。ウォシュレット付きのトイレなど設備は充実している。

食事メニューも豊富なおしゃれなカフェや、キャンプ客は割引が受けられる貸し切りの家族湯5部屋が併設されているので、ワーケーションとしても利用できそうだ。

同施設＝0974（75）3737。

泊　登山客大歓迎の宿
民宿くじら

登山客大歓迎の宿。登山経験豊富な店主がくじゅうの魅力や歩き方を教えてくれる。食事も充実。豊後牛の炭火焼、エノハ料理、大分の麦焼酎などが味わえる。車で3分の七里田温泉を利用するのがおすすめだ。

5部屋あり計15人まで対応可。素泊りもできる。

同民宿＝0974（77）2424。

七里田温泉の下ん湯は、炭酸シュワシュワで大好き

キャンプ場

男池登山口	9.BASE	大分県玖珠郡九重町田野1712－440	0973-70-5405
	鉄山キャンプ場	大分県玖珠郡九重町田野2553－12	080-6932-1724
	くじゅうエイドステーション	大分県玖珠郡九重町田野1726－366	0973-79-3652
吉部登山口	オートキャンプ場高原の里	大分県玖珠郡九重町田野1726－114	0973-79-2595
	カナディアンヴィレッジ	大分県玖珠郡九重町田野1699－37	0973-79-3752

宿泊

岳麓寺登山口	宿房翡翠之庄～ The Kingfisher resort ～	大分県竹田市直入町長湯7443－1	0974-75-2300
	フリューゲル久住	大分県竹田市久住町栢木6049－89	0974-64-7839
白水鉱泉登山口	黒嶽荘	大分県由布市庄内町阿蘇野2259	097-585-1161
男池登山口	源泉湯宿 天翔	大分県玖珠郡九重町田野馬子草1732	0973-79-3314

立ち寄り湯

岳麓寺登山口	七里田温泉 木乃葉の湯	大分県竹田市久住町有氏4050	0974-77-2686
	大地乃湯	大分県竹田市久住町有氏896－22	0974-77-2941
	湯屋 天音	大分県竹田市久住町栢木6532－1	0974-77-2620
吉部登山口	まきばの温泉館	大分県玖珠郡九重町田野1681－14	0973-73-0080

湯

「筋湯」の由来とも

筋湯温泉うたせ大浴場

（上）3メートルの高さから落ちるうたせ湯の様子から「筋湯」と呼ばれるようになったとも言われる
（下）入り口も趣がある

筋湯温泉は開湯から約1000年の歴史を誇る山あいの小さな温泉郷。中でもここは3メートルの高さから湯が落ちる「日本一のうたせ湯」が有名で、〝筋肉をほぐす湯〟が筋湯の名前の由来とされる。

18本のうたせ湯はダイナミックな見た目はもちろん、マッサージ効果も抜群で、肩こりや腰痛、疲労回復などに効き目があるという。登山やスキーを終え、筋肉をほぐしに立ち寄る入浴客も多い。

料金は400円。年中無休。営業は午前6時～午後9時半。長さ390メートル、高さ173メートルの「九重〝夢〟大吊橋」など観光地へのアクセスも良い。

九重町観光協会＝0973（73）5505。

湯

風情あるヒノキ湯

薬師湯

筋湯温泉に三つある共同浴場の一つ。ヒノキの内湯があり、木の香りに癒やされる。障子を模した窓が雰囲気を醸し出している。

料金は400円。年中無休。営業は午前7時～午後10時。日替わりで岩ん湯と男女入れ替え制。温泉街の狭い通り沿いにあり、車は通れない。

九重町観光協会＝0973（73）5505。

湯

石造りの露天風呂

岩ん湯

露天風呂がある唯一の共同浴場で、冬山に登った後に雪見風呂が楽しめることもあるという。その名の通り、浴槽は石造りで重厚感がある。打たせ湯も設置されている。

料金は400円。年中無休。営業は午前7時～午後10時。日替わりで薬師湯と男女入れ替え制。

九重町観光協会＝0973（73）5505。

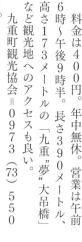

泊

温泉やロッジ満喫

九重グリーンパーク泉水キャンプ村

（上）バンガローがあるのでテントを持参しなくても大丈夫（下）広くて清潔な露天風呂。キャンプも温泉も満喫できる

阿蘇くじゅう国立公園の一角にある人気のキャンプ場。広大な敷地にオートサイト（一部電源あり）がずらりと並ぶ。ミニバンガローや大型ロッジもあるので、下山した後にテントを張ることなく体を休められそうだ。

場内には温泉の露天風呂（12月から3月までは湯の温度が上がらないため閉鎖）があり、朝風呂も楽しめる。料金は大人200円。

炊事場やトイレ棟は複数ある。コインランドリーも設置されている。ごみの回収にも応じてくれる。

レンタル品も充実。売店ではカップ麺やまきなど扱っているので忘れ物があっても慌てなくてよさそうだ。

九重グリーンパーク＝0973（79）3620。

泊

趣異なる露天風呂

筋湯温泉　朝日屋旅館

筋湯温泉にある落ち着いた小さな宿。自慢の風呂は展望露天、洞窟露天、一枚岩、五右衛門、内湯といった趣の異なるさまざまなタイプを楽しめる。

もう一つの自慢は料理。涌蓋山の麓で味わう田舎会席は格別だ。

家族で営む宿で、気兼ねなくのんびり過ごすことができる。

同旅館＝0973（79）2114。

宿泊

涌蓋山疥癬湯登山口	山荘 やまの彩	大分県玖珠郡九重町筋湯温泉518－2	0973-79-3109
	筋湯温泉 秀月	大分県玖珠郡九重町湯坪528	0973-73-0050
	御宿 泉水	大分県玖珠郡九重町湯坪1037	0973-79-2717
	里やど 月乃家	大分県玖珠郡九重町湯坪947	0973-79-2695

立ち寄り湯

涌蓋山疥癬湯登山口	せんしゃく湯	大分県玖珠郡九重町湯坪712－3

のぼろ

作詞、作曲・永山マキ（ima）

山の声が聞きたくて
わたしはここに来たのです
なるべく荷物は軽く軽く
肩書きも置いていこう

山の世界はまるで
あの世とこの世の狭間のよう
わたしは今身軽になった
魂の乗り物よ

のぼろ　のぼろ
あのいただきへ
あの風　あの枝
見守る　道しるべ

どの岩を踏みしめればいいの
どの幹をつかんだらいいの
選んで選んで選び続けて
今わたしは登っている

のぼろ　のぼろ
あのいただきへ
あの太陽　あの雲
見守る　道しるべ

ここで
聴けるよ！

かつてここでは山男たちが「坊がつる賛歌」をつくった。時代は移ろい、音楽ユニット「iima」がくじゅうを歩いて「のぼろ」という曲が生まれた。この世と、あの世のあわい。自然の厳しさ、優しさもないまぜになる。雄大で包みこんでくれるくじゅうの存在がにじむ。最後にその曲を紹介したい。これからもくじゅうを愛する人たちが、歌い継いでいくことを願って。

ああ　すぐそこに
見たことのない景色が
ああ　登らねば
知らなかった

山の声が聞きたくて
わたしはここに来たのですが

聞こえてきたのは
この鼓動とわたしの声だった

山よ大地よこの世界よ
わたしは何故に登るのでしょう

時には誰かに道を尋ね
時には支えながら

のぼろ　のぼろ
あのいただきへ
あなたが　わたしが
見守る　道しるべ

のぼろ　のぼろ
あのいただきへ
あなたも　わたしも
いつかは　お空の上

©いわいあや

iima（イーマ）

永山マキ（vo）、イシイタカユキ（g）による音楽ユニット。2018年にアルバムデビュー。21年にくじゅうを登った体験から生まれた曲「のぼろ」をつくり、同年秋には法華院温泉山荘でライブを行った。

YO! Check!

出発前に 登山のイロハ

登山はリスクを伴います。それでも楽しめるようにするには、事前準備と計画が重要です。荒天や転倒など予想外のアクシデントに遭った際、対処できる知識や技術も求められます。無事に下山し「楽しかった」と言えるように、以下の注意点をチェックしよう！

計画

登りたい山を決めたら、どの登山口からどのルートで歩くかを、ガイドブックや信頼できるインターネットサイトなどで情報収集しましょう。コースタイムは標準的な時間です。自分の体力に自信がなければ、何割増しかの時間で計算しよう。下山時刻は15時（遅くとも16時）までを目標にし、逆算して登山開始時間を決めるように。「この分岐点に何時までに着けなかったら山頂は諦める」といったタイムリミットを設けることも重要です。

服装

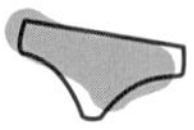

汗冷えを防ぐために、綿ではなく速乾性の高い化繊のウエアを選びましょう。下着も同様です。初心者は登り始め10 ～ 20分の所で、その後は約1時間おきくらいに衣服で体温を調整するといいです。鍵は体をドライに保って冷やさないレイヤリング（重ね着）。風や雨をしのぐ防寒着やレインウエアも忘れずに。靴は防水性があって足底の溝が深いものを。しばらく履いてない登山靴は経年劣化が進んでいる場合があるので、使用前によくチェックしよう。

装備品

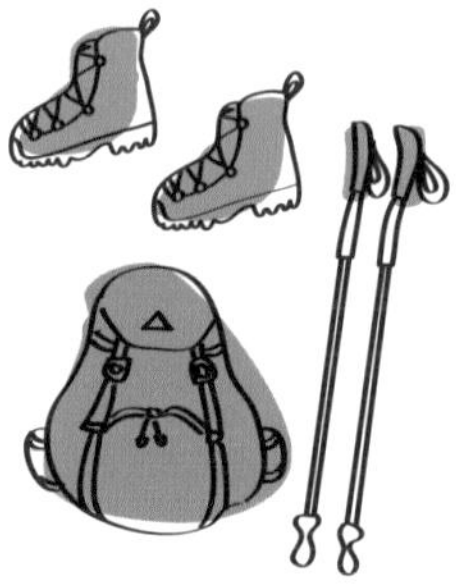

たとえ低山でも緊急時に備えて、ヘッドライトや遭難時に体温を維持できるエマージェンシーシートをザックに入れておきましょう。スマホのモバイルバテリーも必携です。ストック（トレッキングポール）は、上りで足腰の筋力負担を軽くし、下りで膝の故障を防ぎます。両手持ちの2本使いが基本です。

水・食料

登山中は小まめなカロリー補給が鉄則です。チョコレートやあめ、ナッツ類、栄養調整食品などの行動食を休憩のたびに食べましょう。脱水も心配です。行動中の脱水量（ml）は「体重（キロ）×行動時間×5」で割り出せます。体重50キロの人が4時間行動した場合は1000ml、7時間なら1750mlの水分が失われることになります。脱水量の5割増し程度の水を持参しましょう。発汗で塩分やミネラルが失われるため、一定量をスポーツドリンクにするとよいです。

地図

便利なGPS機能付き登山アプリを、スマホに入れて使う人が増えています。「YAMAP」「ヤマレコ」などは、全国の登山地図を確認できる上、電波の届かない場所でも現在地が分かり、道迷いを防ぐ最強ツールです。ただし、事前に使い方を必ずマスターしておくこと。アプリ使用時はオフラインモードにしておくと、バッテリーの節約になります。けれども、アプリだけに頼ると、スマホを落としたり転倒時に壊れて使えなくなると絶望的な状態に陥ります。ルートを記した紙の地図（ネットでダウンロードできる）とコンパスの携行を忘れずに。

緊急時の備え

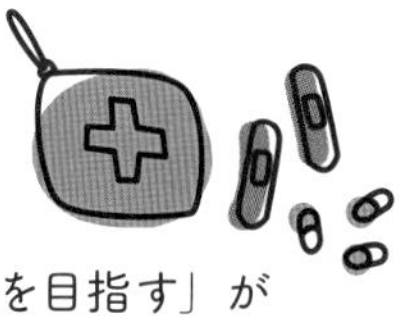

道に迷ったと思ったら、まずは一旦落ち着くこと。尾根は下りるに従って枝分かれするし、沢沿いを下るうちに滝口や崖が現れ進めなくなることもあります。「来た道を戻る」「見晴らしの良い上を目指す」が鉄則と覚えておきましょう。山の中で天気が予想と違ってくるのは珍しいことではありません。風や雨が強まったり気温が急に下がってきたりしたら、下山を急ぐなどプラン変更を柔軟に。山で雷が鳴りだした時、ピークや稜線にいると危険です。岩陰や樹林帯でしゃがみましょう。高い木は落雷リスクがあるので、少なくとも幹から2メートルは離れるように。

火山

くじゅう連山は実は20以上の火山の集合体です。約15万年前から始まった火山活動は、噴火による大量の溶岩流、火山灰、火砕流などを噴出してきました。大船山近くの米窪火口などから1000年程度の間隔で噴火しています。大規模マグマ噴火は約1700年前に黒岳溶岩を流出。星生山の東側にある硫黄山は1995年10月11日に噴火し、火口から約100メートルの範囲にこぶし大の噴石を飛ばしています。くじゅう登山は活火山での活動という意識を頭の隅に置いて、山行前に行政が発表する噴火警戒レベルなど最新の火山活動状況を確認しましょう。

別冊 noboro 山歩きガイド
くじゅう連山　四季の絶景登山ルート

西日本新聞社編
くじゅうネイチャーガイドクラブ監修

2023年10月23日 第1刷発行
2024年5月24日 第3刷発行

写真協力…阿部武敏（ルート2、6）、天本徳浩（ルート16）、池田大輔（ルート6、13）、岩村幸典（ルート6）、大久保紫織（ルート1、2、5、11、12、17）、河野綾子（ルート11）、藏田佳代（ルート1、2、6）、古賀亜矢子（ルート7）、佐藤哲雄（ルート17）、中村真悟（ルート2、12、14）、平野泰祐（ルート1、2、5、10、12、17）、弘藏岳久（ルート15）、森光秀（ルート2）、安武秀年（ルート15）、脇川親義（ルート3、15）、竹田市観光ツーリズム協会久住支部（ルート12）

取材協力…法華院温泉山荘

イラスト…ちえちひろ
法華院温泉山荘図版…北野巨幸（カラ クリエイティブ ワークス）
テキスト・編集…南家弘毅、首藤厚之、二又健太郎
本文デザイン…冨菊代、増井善行
カバーデザイン…穴井優（anaikim）
ディレクション…小川祥平

発行者…柴田建哉
発行所…西日本新聞社
〒810-8721　福岡市中央区天神1-4-1
TEL 092-711-5523（出版担当窓口）
印刷・製本…シナノパブリッシングプレス
制作・校閲…西日本新聞プロダクツ

定価はカバーに表示してあります。
落丁本・乱丁本は送料当社負担でお取り替えいたします。

ISBN978-4-8167-1009-4 C0075